당신을 믿어요

상처보다
크고
아픔보다
강한

당신을 믿어요

김윤나 지음

상처 때문에 더 멀리 나가지 못하는 당신에게

나는 '비밀 이야기를 듣는 일'을 한다. 사람들은 "이런 얘기 처음 해봐요…" 하면서 묵혀둔 상처를 꺼낸다. 말 잘하는 방법이나 어려운 관계를 해결하는 법을 묻는 이들도 많다. 그러나 그것이 유난히 버거운 이유를 찾다 보면 또다시 '마음'으로 되돌아간다. 그들에게는 방치되어 있는 아픈 기억이 있고, 그 시간 속에 유독 가족의 이름이 자주 등장한다.

얼마 전부터는 비즈니스 코칭을 그만두고 심리상담센터를 열었다. 10년이 넘게 해온 기업 워크숍을 줄이고 개인 상담에 시간을 더 쓰고 있으며, 미술치료 공부도 다시 시작했다. 나는 '상처'에 관하여 약간의 의무감을 느낀다. 병에서 회복되고 나면, 다른 사람들의 건강을 돌보고 몸에 좋은 것들을 챙기라고 잔소리하고 싶어지는 마음과 같다. 내 상처가 아물어가고 건강한 딱지가 생길수록 옆 사람의 상처를 모른 척하면 안 된다는 내면의 소리에 끌린다.

아직도 나는 상담실에서 사람들과 이야기를 나누다 울컥하고, 겨우 눈물을 참고 돌아서 후회한다. 엄밀히 말하자면 과거를 극복했다기보다는 끌어안고 가는 사람 중 하나다. 이 책을 쓰는 길목에서도 여러 번 울었고, 그럴 때마다 그만두고 싶었다. 저자의 상처를 드러내지 않고는 진짜를 설명할 길이 없어서 시작했지만 생각보다 힘든 일이었다. "네 삶을 알고 나니까 위안이 되더라"는 말을 지팡이 삼아 겨우겨우 왔다.

그러나 이번에도 깨닫는다. 상처를 밝은 빛이 있는 곳으로 데리고 나온 후, 만지작거리면서 온기를 불어넣을 때 치유는 시작된다. 하나의 덩어리였던 기억들이 구체적인 형태를 갖추면서 어떤 쓸 만한 메시지를 준다. 나를 넘어서는 일에 도전하는 것이 삶의 중요한 한 축이라면, 반대로 오래된 것을 정리하고 애도와 함께 떠나보내는 것도 무겁지 않은 인생을 위해 필요한 시간이라는 것을 배웠다.

책은 총 네 가지 이야기로 구성되어 있다. 1장은 '상처를 가지고 산다는 것'에 대해서이다. 우리는 상처받았고, 되돌릴 수 없다. 그것을 받아들이고 함께 살아가기 위해 필요한 시작에 관해서 말한다. 2장은 '조금씩 다른 선택'이다. 상처는 여전히 불쑥 나타나 마음의 덫을 놓는다. 하지만 아주 조금씩 다른 선택을 할 수 있는 방법에 관해서 썼다.

3장은 '상처와 함께 자란다'이다. 울면서 버텼는데 어느새 훌쩍 자란 기쁨과 그제야 다시 보이는 것들에 관하여 말한다. 4장은 '불행에 임하는 자세'이다. 앞으로 남은 시간을 우리는 또 어떻게 살아가야 할지에 대하여 못다 한 이야기를 마저 하고 싶었다.

부디 이 책이 당신의 인생을 마음껏 투사해보는 거울이 되었으면 한다. 핑계 삼아 당신의 숨은 이야기를 들여다볼 수 있기를 바란다. 나의 삶이 당신에게 '쟤도 하는데…' 하는 만만한 마음이 들게 했으면 좋겠고, 상처를 입 밖으로 꺼내는 계기가 되었으면 한다.

또 상처를 가진 사람의 부모, 그를 이해하기 힘들어하는 가족이나 친구가 읽었으면 좋겠다. 깊은 상처가 한 사람의 인생에 어떤 흔적을 남기는지 천천히 따라가면서, 시간을 길게 이해하는 데 도움이 되었으면 한다.

마지막으로 상처 때문에 더 멀리 나가지 못하는 누군가를 위로하고 싶을 때, 그러나 적절한 말을 찾지 못할 때 내밀 수 있는 책이 되었으면 한다. 그래서 누군가에게 작은 응원이 된다면 눈물이 날 만큼 기쁘겠다.

1장

상처를 가지고

산다는 것

당신을 믿어요, 그런 당신이니까

"저기… 너에게 하지 못한 말이 있는데 말이야."

살면서 이런 고백을 받아왔다. 숨겨왔던 그늘을 조심스럽게 드러내 보이며 다가온 사람들이 있었다. "사실 나는 좋은 사람이 아니야." 했던 선배가 있다. 힘든 엄마를 밀치고 아픈 동생을 모른 척하며 살아온 시간을 죄스러워했다.

"나는 사람을 잘 못 믿어."로 시작한 친구는 부모의 갈등과 이혼에 따른 복잡한 가정사를 들려주며 울었다. 비 오는 날 막걸리를 들이켜다 형과 비교하는 엄마 때문에 힘든 학창시절을 보냈다며 쓸쓸한 얼굴을 짓던 후배도 있다.

대학 동창과는 이런 일도 있었다. 교내식당에서 같이 밥을 먹고 있는데, 지나가던 다른 친구가 말을 걸어왔다. 모르는 사람과 대화를 하는 건 처음 보았다. 친구는 갑자기 한껏 표정을 열고 톤을 높여 태어나길 사교적인 사람처럼 행동했다. 그러고 나서는 '휴…' 하고 털썩 앉았다. 친구에게 힘들면 그렇게 안 해도 된다고 말했다. 그녀는 움찔하면서 "응? 그게 보이니?" 했다. 그리고 며칠 후 계단에 걸터앉아, 외로움이 많았던 한 아이의 어린 시절 이야기를 차분히 들려주었다.

이런 종류의 슬픔을 잘 알아보는 편이었다. 나와 닮은 분위기를 가진 친구들이 오히려 편했다. 부모의 이혼과 재혼, 엄마의 부재, 아빠의 알코올중독, 빚에 시달린 사연을 말하고 나면 관문 하나를 넘은 사이처럼 느껴졌다. 비밀의 문을 열기까지가 참 어려웠다.

《먹고 기도하고 사랑하라》에 보면 주인공이 이탈리아에 머물면서 친구에게 영어를 가르치는데, 슬픔에 잠긴 사람을 위로할 때 쓸 수 있는 표현이라며 알려주는 대목이 나온다.

"I've been there."

그러면 이탈리아 친구는 묻는다. "가보다니 어딜 가봐요?" 이게 어째서 위로가 되는 문장이냐며 묻는다. 그러자 주인공은 답한다.

"깊은 슬픔은 때때로 특별한 장소가 되기도 해요. 시간이라는 지도상의 한 좌표처럼요. 그 슬픔의 숲에 서 있노라면 도저히 그곳을 빠져나올 수 없을 것만 같죠. 그럴 때 누군가가 자기도 거기 가봤고 이제는 빠져나왔다고 말해주면 희망이 생기는 법이에요."

생각해보면 상처를 치유하는 과정에서 내가 한 일도 있었지만, 나의 그림자에 묵묵히 들어와 서 있던 좋은 벗들 덕분이기도 했다. 특별한 장소에 다녀온 사람끼리는 서로를 위로하는 방식이 있다.

물론 고백을 하고 나서 후회하기도 했다. 복잡한 돈 사정을 알고 나서 떠난 남자도 있고, 기대보다 별거 없는 인생에 실망해서 뒷걸음친 사람도 있었다. 그러나 분명한 것은 상처는 음지에 숨겨두면 점점 눅눅하고 무거워진다는 것이다. 입 밖으로 꺼낼수록 가벼운 것이 되고, 믿을 만한 사람과 나누면 다룰 만한 크기로 줄어든다. 조각내고 털어낼수록 끝내는 주머니에 넣어 다닐 만한 것이 되곤 했다.

그러나 상담실에서 이야기하다 보면, 한 번도 혹은 충분히 '그 비밀'을 꺼내본 적이 없다는 사람들을 만난다. 그들은 예전과 변함없는 상처의 무게에 압도되어 살거나, 오히려 상상 속에서 그것을 더 음흉하고 잔인한 괴물로 키우기도 한다. 한때 용기를 내보기도 했지만 소외당한 상처는 더 깊고 안전한 어둠 속으로 숨겨졌다.

가끔 사람들은 내게 코칭 받으러 어떤 사람이 오느냐, 그들의 고민이 주로 무엇이냐고 묻는다. 원하는 목표는 서로 다르지만, 방법을 몰라서 온 사람보다 상처 회복이 안 되어서 온 사람이 더 많다. 당장 문제를 해결하려고 왔지만 수수께끼를 푸는 열쇠는 과거에 있는 경우가 있다.

직장생활을 하면서 상사에게 필요 이상으로 순종적인 태도를 보이고, 때론 두려움을 느끼며, 인정받기 위해서 머리를 싸매는 한 사람이 있다고 생각해보자. 그는 내게 와서 '직장상사와 좋은 관계를 맺는 방법'을 알려달라고 한다. 그러면 나는 얼마의 질문을 더 한다.

"살면서 누군가에게 인정받은 경험은 무엇인가요?"
"당신은 아버지와 어떤 관계였나요?"
"대단한 결과를 만들어내지 못하면 사람들이 뭐라고 할 것 같아요?"

이런 방식으로 여기저기를 두드리다 보면 쑥 하고 과거로 빨려

들어간다. 가족들을 부하처럼 다루었던 군인 아버지, 그를 건들지 않기 위해 발꿈치를 들고 살던 시간들, '못난 놈'이라는 말 앞에서 느꼈던 분노와 상실감의 기억들이 재현된다. 아버지를 향한 이토록 복잡한 감정을 제대로 소화시켜본 적이 없으니, 사회에서 만나는 권력자와의 관계가 어렵게 느껴질 수밖에 없다.

　오래된 상처와 대면하게 되면 사람들은 운다. 멀리 도망가지 못했다며 슬퍼한다. 또 어떤 사람은 울지 못한다. 징징 짠다고 인생이 달라지지 않는다며 버틴다. 그들의 공통점은 스스로 상처를 감당할 만한 힘을 가졌다고 믿지 못한다는 것이다.

'이제 와서 뭐가 더 좋아질 수 있겠어?'
'나는 원래 이렇게 태어난 운명이야.'
'해봤자 소용없어. 다 그렇게 사는 거지.'

　상처의 맨얼굴과 대면하지 못하는 사람들에게 필요한 것은 '믿음'이다. 내가 그것을 감당할 수 있을 것이라는 믿음 말이다. 외로움과 절박함의 끝에 섰을 때, 자기 믿음이 채워지지 않고서는 아무 일도 일어나지 않는다. 코치는 이미 당신에게 그럴 만한 힘이 있다는 것을 알게 하고, 결국은 계속 앞으로 나아가게 될 것임을 스스로 믿도록 돕는다. 자꾸 상처만 노려보다 걸려 넘어지는 사람들에게 이렇게 말한다.

"나는 당신을 믿어요. 저의 목표는 내가 당신을 믿는 것보다 당신이 스스로를 더 믿을 수 있게 되는 것이지요."

코치의 확신 앞에서 사람들은 먼저 의심한다. 그러나 영원히 수렁에서 빠져나올 수 없다고 백기를 든 날에도, 자신에게 실망하고 돌아온 날에도, 복수하고 싶다고 주먹을 휘두르는 날에도, 다 포기하고 이 모양으로 살고 싶다고 하는 날에도, 이런 나를 믿을 수 있겠냐고 시험하는 날에도 변함없이 "당신을 믿어요."라고 말한다.

흔들리지 않는 믿음 앞에서 사람들은 조금씩 곁을 내어준다. '말도 안 돼!'는 '할 수 있을까?'를 지나 '어쩌면 가능할지도 몰라' 앞에서 잠시 멈춘다.

"어떤 이야기부터 시작해보고 싶어요?"
"당신이 기억하는 장면은 무엇인가요?"
"그런 자신을 볼 때 어떤 느낌이에요?"
"당신이 정말 원하는 것은 무엇이었죠?"

"자신을 위로해주세요. 어떤 말을 듣고 싶은가요?"

상처를 눈앞에 불러낸다. 내 표정을 살피는 상대를 안심시키고 이야기에 귀를 기울인다. 창자 끝에 숨겨두었던 말까지 찾아내어 깊게 바라볼 수 있도록 기다린다. 상처의 실체를 들여다보면 아픔이 재발되어 고통스러울 거라고 생각하겠지만, 그렇지 않다. 아픔과 함께 주변의 다른 것들을 본다. 얼마나 사랑받고 싶었는지, 얼마나 인정을 원했는지 깨닫는다. 잃어버린 슬픔을 토하고, 긴 시간을 견뎌온 자신을 다독이며, 비로소 조금씩 다른 선택을 기웃거려보게 된다.

도대체 그 믿음이 어디에서 오느냐고, 무엇을 믿고 그렇게 확신하냐고 묻는다면 얼마든지 많은 증거가 있다고 답할 것이다. 상처를 등에 업은 채 오늘도 네잎클로버를 발견하는 작은 영웅들이 주변에 엄청나게 많다는 것을 알기 때문이라고 말이다. 앞으로 긴 여정이 되겠지만, 자신을 믿고 앞으로 나아가는 사람들의 이야기를 조심스럽게, 그러나 물러서지 않는 마음으로 시작해보려고 한다. 나의 이야기, 내가 만난 누군가의 이야기, 어쩌면 당신의 이야기를 말이다.

내가 할 수 있는 일

내 왼쪽 귀 뒤편에는 상처 자국이 있다. 이 상처는 우리 가족을 닮았다. 그럴 의도가 아니었지만 자식에게 상처를 남긴 부모와 그 상처를 움켜잡고 자란 딸. 서로 충분히 위로하지 못했던 지난날의 우리를 그대로 보여준다.

아빠의 혈기가 남아 있던 시절, 엄마(12살 때 새엄마가 생겼다)와 싸울 때면 그나마 없는 살림이 나가떨어졌다. 쿠션이나 휴지통 같은 것들로 비교적 가볍게 시작되었고, 싸움의 주제에 따라 그릇이나 선풍기가 내동댕이쳐지기도 했다. 딸은 부모의 싸움에 개입하는 것을 좋아하지 않았다. 언성이 높아지면 '또 시작이군' 하면서 방문을 잠그고 하던 공부를 마저 했다. 오래된 나무 방문 틈새로 엄청난 말들이 흘러나왔지만 꾸역꾸역 할 일을 마쳤다.

유난히 부부싸움이 길어진 그 날은 시험기간이었다. 음악 소리를 높여 밑줄 치기에 집중하려고 해도 울화통이 치밀어 올랐다.

"그만 좀 해. 그만 좀! 자식 앞에서 창피하지도 않냐고!"

부부 사이에 끼어들어 악다구니를 썼다. 남자는 "다치니까 저리 비켜."라고 말했다. 그럴수록 물러나고 싶지 않았다. 아빠 앞에서 딸은 언제나 안전하다는 오랜 믿음이 있었다.

그러다 그가 분을 견디지 못하고 내던진 전화기가 내 뒤통수를 후려쳤고, 귀 뒤쪽의 얇고 팽팽한 살결을 찢겨내며 떨어졌다. "아!" 피가 귓바퀴를 타고 흘렀다. 새벽 내내 싸우느라 빨개진 남자의 눈이 반짝 아빠로 돌아왔다. 겁이 많은 그는 상처를, 그리고 상처 입은 딸을 두고 그냥 쓰윽 밖으로 나가버렸다.

"아이고 어떡해. 아빠가 일부러 그런 거 아닌 거 알지?"

임시 휴전한 엄마는 그 와중에도 아빠 마음을 딸에게 헤아린다. 그것을 왜 모르겠나. 자랄수록 손에 쥐어지지 않는 딸에게 따귀 한 번 올리지 못하고 여기까지 온 아빠인 걸 안다. 엄마는 서둘러 상처에 연고를 발랐고, 나는 마음을 돌보아야 했다.

다시 돌아온 아빠는 나에게 괜찮냐고 묻지도, 미안하다고 말하지도 않았다. 동굴 같은 방안으로 쓰윽 들어가 누웠다. 며칠 동안 술도 마시지 않고 풀이 죽은 얼굴로 조용히 조용히 살았다. 다시는 아빠랑 말하지 않겠다고 이를 갈았지만, 며칠이 지나자 다시 우리는 익숙한 부녀 사이로 돌아갔다. 누가 먼저 마음을 풀었는지 모르겠지만. 늘 그랬듯이 외로운 부녀의 단절이라는 것은 오래가지 못했다.

어릴 때부터 아빠는 딸에게 "우리 딸 괜찮니? 힘들지는 않니?"라고 물어본 적이 없다. 우리 서로 그랬을 텐데, 버티느라 하루하루가 고된 날들이 많았을 텐데 아빠는 그런 솜털 같은 말을 건넬 줄 몰랐다. 그냥 멀쑥이 멀리 서 있었다. 그래놓고 괜히 "라면 먹을래?"라고 하거나 알코올에 의지해 내 머리맡에 앉아서 익숙한 향기를 묻혀두곤 했다.

이제 내 나이 마흔. 아빠는 돌아가셨고, 엄마는 많이 늙었다. 그 사이 상처의 크기는 작아졌고 자국도 옅어졌다. 이제는 두 아이들과 평범한 일상을 가꾸며 제법 어른 구실을 하고 산다. 울다 웃다 하면서 상처와 함께 자랐다. 이제 와서 하는 말이지만 다시 돌아가고 싶지는 않다. 아직도 고모는 '네가 이렇게 잘 커줘서 너무 고맙다'며 껴안고 운다.

한 인터뷰에서 힘든 시간을 버텨낸 방법이 무엇이냐고 물었다.

분명 내가 한 것인데 어떻게 했는지 말로 설명하기는 어려운 것들이 있지 않은가. 나는 이 질문이 그랬다. 기대에 부응하고 싶어도 특별히 보기 좋은 답안을 내기가 어려웠다.

다만 한 가지가 있다면, 어릴 때부터 내가 할 수 있는 일이 무엇인지를 비교적 명확하게 인지하고 있었다는 점이다. 그것은 바로 상처보다 나를 키우는 일. 마지막 하나 남은 나 자신을 믿어주는 일이 모든 것에 우선이 되어야 한다는 것을 알고 있었다. 어떻게 배웠느냐 묻는다면 그것조차 답하기가 어려운데, 심리학자 너새니얼 브랜든은 지독하게 불운한 유년기를 견딘 아이들은 종종 특별한 생존전략을 터득한다고 설명한다. 이것을 '전략적 분리'라고 부르는데, 가정이나 자신을 둘러싼 유해한 측면으로부터 직관적으로 조정된 이탈을 하는 것이다. 그는 이렇게 말한다.

"그런 아이들은 어쩐지 자신이 있는 이 세상이 전부가 아니라는 것을 안다. 그들은 어딘가에 더 나은 대안이 있다고, 언젠가 그곳에 가는 길을 찾아낼 것이라고 굳게 믿는다. 이런 생각이 현재의 고통을 벗어나게 해주지는 않지만, 아이들이 무너지지 않도록 해준다."

나는 긴 고통 속에 있었지만 무너지지 않았다. 내가 서 있는 세상이 전부가 아니며 언젠가는 이곳을 빠져나가 더 넓은 세상을 만나게 될 거라는, 대책 없어 보이지만 포기를 모르는 믿음이 결국 이곳까지 오게 했다. 돌아보면 배워서 깨달은 것이라기보다는 본능적인 선택이었다.

얼마 전《걷는 사람, 하정우》라는 책에서 배우 하정우를 통해 비슷한 무엇을 발견했다. 그는 자신이 걷는 이유를 이렇게 설명했다.

"돌아보면 할 수 있는 일이 걷기밖에 없는 것만 같았던 시절도 있었다. 연기를 보여줄 사람도, 내가 오를 무대 한 뼘도 없었지만 그래도 내 안에 갇혀 세상을 원망하고 기회를 탓하기는 싫었다. 가진 게 아무것도 없는 것만 같았던 어느 막막한 날에도, 이따금 잠까지 줄여가며 바쁜 일정을 소화해야 하는 지금도 꾸준히 나를 유지하는 방법이다."

그도 알고 있다. 할 수 있는 일이 아무것도 없다고 느껴질 때조차 우리에게는 남아 있는 선택이 있다는 것을 말이다. 당신을 집어삼킬 만한 거대한 파도가 몰아칠 때 무엇인가 단단히 붙잡고 있어야 한다는 것. 그에게는 걷기였고, 나에게는 믿음이었다. 예전에도 그랬고, 지금도 그것은 나를 지켜내는 가장 유용한 방법이다.

내가 말하는 믿음이란, 눈을 질끈 감고 '어떻게든 잘되겠지' 하는 것과는 좀 다르다. 그것은 믿고 무엇이든 일단 시작하는 것에 가깝다. 명사보다는 동사이다. 예를 들어 일기를 쓰거나, 10년 후에 이루고 싶은 것들을 그려보거나, 공부를 하거나, 누군가가 준 기회에 무조건 "네." 하면서 도망가지 않는 일 같은 것을 말한다.

지금 이걸 한다고 뭔가 달라질 것 같지 않아도 매일 조금씩 무엇인가를 해왔다. 시간은 누구에게나 공평하다는 오래된 진리를 새기며 개미의 심정으로, 달팽이의 태도로 천천히 쉬지 않고 한 걸음을 걸었다.

삶에서 굉장히 어렵고 중요한 문제는 결과론이 아니라 선택론인 경우들이 있다. 어찌어찌해서 믿는다는 것이 아니라, 믿고 시작해야 가능한 일 말이다. 척박한 환경에서 살아남기 위해서는 그런 전략이 필요했다.

우리는 상처 입었고, 그것은 불행한 일이었다. 깊은 상처는 당신을 속이고 넘어뜨리며 길을 잃게 한다. 사연이 많은 아이는 고통의 터널을 빠져나가기 위해 출구를 찾는다. 하지만 이정표를 보지 못하고 지나치거나, 지도를 잘못 읽거나, 함정에 빠지거나, 한눈을 파는 일이 자주 생기면서 '더 나은 삶을 누릴 수 있다'는 희망을 놓는다.

하지만 터널에는 출구와 비상구가 있다. 찾으려는 사람에게는 반드시 나타난다. 당신이 경험한 사랑이 전부가 아니며 우리는 아직 주어진 행운을 다 쓰지 않았다는 것을 기억한다면, 지금까지와는 다른 세계로 진입하는 문 앞에 다다르게 될 것이다.

인생에는 오래 버텨내는 사람만이 가지게 되는 트로피가 있다. 삶에서 긴 호흡이 필요할 때, 그 시간을 누리는 가장 좋은 방법은 당신과 한편이 되어주는 것이다. '내게 주어진 것들이 별로 없다'는 것을 알게 되었을 때, 손가락을 치켜세우는 대신 허리를 숙여서 하루를 살자. 자신을 믿고 그렇게 하자. 그러다 가끔은 고개를 들어 인생 전체의 지도가 어떻게 그려지고 있는지 멀리 내다보았으면 좋겠다. 당신의 인생은 매일 점만 찍다 끝나지 않는다. 선과 면을 향하여 조금씩 걸어가고 있다.

'특수한 유발자극'이라는 지뢰

어릴 적 친엄마는 피아노 교습소를 운영했다. 거기에 딸린 작은 방에서 다 큰 어른들의 막장을 지켜보며 살았다. 남자는 자주 술에 취했고, 여자는 오래 화를 냈다. 오늘도 와장창 깨지고 부서진다. 한때 죽도록 사랑했을 남녀는 눈에 핏발을 치켜세우고 악에 받쳐 버티고 있다. 아까 전부터 잠에서 깬 딸은 내복 차림으로 그들을 지켜보고 있다.

"너 누구랑 살고 싶어? 엄마야, 아빠야?"

아침이 되자 나에게 질문을 했다. 분위기를 보아하니 대공원에 놀러 갔을 때처럼, 누구랑 같이 범퍼카를 탈 거냐고 묻는 것은 아니었다. 딸은 두고두고 아빠에게 미안한 대답을 하고 말았다.

"엄마랑 살고 싶어."

"안 돼! 넌 아빠랑 살아야 해."

"그래, 당신 딸은 당신이 키워."

간단한 합의로 딸은 아빠에게 낙찰되었다. 절대 내어줄 수 없다는 아빠, 흔쾌히 내어준 엄마 사이에서 나는 '아빠의 딸'이 되었다. 운동회 때 김밥을 같이 먹고 경주를 응원해주는 엄마는 없었다. 억울한 일이 생겨도 고자질할 곳이 없었고, 첫 생리를 시작했을 때 어디에도 말하지 못했다. 아이에게 엄마가 없다는 것은 발디딜 땅이 무너진 것과 같다. 다음 걸음을 어디에 두어야 할지 막막해진다. 엄마가 보고 싶어서 운 날도 많았지만, 엄마가 없어 서러웠던 일 때문에 더 많이 울었다.

그러다 2년 후쯤 어느 날, 갑자기 엄마가 찾아왔다. 딸을 버리고 간 여자가 이른 아침에 다시 눈앞에 서 있었다. 그때 내가 울었는지 웃었는지 "엄마!"라고 했는지 "안녕하세요." 했는지는 기억이 잘 안 난다.

엄마는 책가방을 꼼지락거리는 내게 기다릴 테니 학교에 다녀오라고 했다. 4교시 수업을 받는 내내 심장이 얼마나 빨리 뛰던지. '엄마가 그냥 가버리면 어떡하지?' 땡-동-댕-동. 마침내 기다리던 종소리. 제일 먼저 교실 문을 빠져나왔다. 토할 것 같은 숨을 참아내며 한 번도 쉬지 않고 집으로 뛰어 들어왔다. "엄마!"

아, 엄마는 없었다.
'역시 거짓말이었어.'

엄마는 더 이상 찾아오지 않았다. 아빠는 이후에도 남편의 자리를 되찾기 위해 노력했지만 소용이 없었다. 돈 많은 남자와 결혼해서 멀리 떠났다는 유언비어 같은 말만 전해 들었다. 누구 하나 나에게 상황이 어찌어찌하고 우리가 이러이러한 상태라는 것을 설명해주지 않았다. 어른들은 아이들은 몰라도 된다고 생각하거나 말해도 모를 거라고 여기지만, 완전한 착각이다.

그때 너무 놀란 그림자들이 아이 마음 안으로 숨어들어 오랫동안 무전취식을 하게 되었다. 사람과 사람 사이에서 불안과 의심을 번갈아 가며 쓰기 시작했다. 아빠까지 나를 버릴까 봐 제대로 미워하지 못하고 살았다. 유일한 엄마 사진을 가져갔을 때도, 싫은 이모를 소개하면서 친해지면 어떻겠냐고 물었을 때도 예쁘게 웃었다.

돌아보면 새 학기에는 친구 중에서 진짜와 가짜를 구별하기 위해 애썼다. 어떤 친구와 지내야 상처받지 않을까 눈치를 살폈다. 연애할 때는 나를 버리지 않을 사람, 먼저 버릴 수 있는 사람을 선택했다. 사회생활을 하는 동안에는 유독 누군가의 미움을 사는 일을 잘 견디지 못했다.

그사이 사람 공부하는 일을 하고, 결혼을 하고, 아이 둘을 낳고 기르면서 마음의 불안증이 잦아들었다. 버림받음에 대한 공포는 신뢰하는 친밀한 관계를 경험하면서 회복되기도 한다. 이전처럼 나를 통째로 태워버릴 만한 큰 화재는 일어나지 않았다. 그러나 그 불씨는 완전하게 꺼지지 않고 자꾸 되살아난다.

며칠 전에는 회사 직원들과 대화하면서 불편한 일이 있었다. 가장 믿고 의지했던 직원이 그동안 서운했던 일을 말하고 나섰다. "이러다 제가 먼저 그만두겠어요." 이제 와 보면 직원으로서 할 수 있는 말이었다. 그러나 그때 당황스럽게도 나는 먼저 이런 생각을 했다.

'그래서 그만둔다고? 떠난다는 거야, 떠나지 않겠다는 거야? 그 것 먼저 말하라고!'

소통 전문가? 그런 사람은 없었다. 엄마가 떠난 자리를 지켜야 했던 7살 아이가 앉아 있었다. 심장이 빨리 뛰고 머리가 멍해진다. 어릴 때는 소리 없이 울었지만, 이제는 화를 내고 상대를 비난하고 싶어진다. 어떤 식으로든 이 불안함을 해소하고 싶다.

그러나 이제는 안다. 내 안에 해결되지 못한 깊은 상처는 끝내 죽지 않았다. 활화산 상태다. 아직 활동력이 있고, 이상 현상으로 갑작스럽게 다시 분화가 일어난다. 이대로 자극을 계속하면 걷잡을 수 없이 끓어올라 나를 태우고 상대를 다치게 한다. 더 태우지 말아야 한다. 직원에게는 '말해줘서 고맙다. 내 역할을 더 고민해보겠다'며 내보내고 혼자서 중얼거린다.

'힘들다는 거지 떠난다는 게 아니야. 회사를 운영하다 보면 직원들이 그만둘 수도 있지. 너도 그랬잖아. 그것이 사람이 사람을 거절한다는 의미는 아니야.'

이러고 나면 마음이 좀 가라앉는다. 하루 밤잠을 뒤척이기는 하지만 예전에는 이것조차 못했다. 잘해줘도 소용없다면서 인정을 거두고 '너 아니어도 된다. 그만둬도 좋다'는 식으로 자기보호의 껍질 속으로 숨어들었다. 불씨 키우는 일을 골라 해서 같은 일이 반복되도록 만들었다.

발달심리학에는 '특수한 유발자극'이라는 개념이 있다. 'A는 유독 B에만 반응한다'는 의미인데, 예를 들어 새끼 꿩은 어미의 경고 소리를 들었을 때만 은신처로 달려간다. 어미의 소리에는 움직이지만, 다른 것에는 반응하지 않는다. 새끼 갈까마귀도 어미가 일정한 각도와 속도로 날아갈 때만 그 뒤를 따른다. 이렇게 특수한 종의 구성원은 어떤 특정한 행동 패턴에만 반응을 보인다. 그리고 이것은 중요한 시기, 결정적 시기를 거치는 동안 만들어진다.

사람마다 그런 것들이 있다. 멀쩡하게 잘 지내다가도 마음을 쿡쿡 쑤셔대고, 말이 안 된다는 것을 알면서도 최악의 시나리오를 떠올리게 하고, 평소 같으면 하지 않았을 당황스럽고 모자란 선택을 하도록 만드는 자극제들 말이다.

당신의 상처도 어떤 것은 지워지고 어떤 것은 살아남아 수시로 활성화되고 있을 것이다. 특히 민감한 시기에 경험한 결정적 사건들은 오랜 흔적을 남긴다. 경험적으로 민감한 시기라는 것은 사람마다 다르다. 정신분석학자들이 말하는 생후 4~5년 이내일 수도 있고, 방황하던 사춘기 시절을 뜻할 수도 있으며, 성인으로 독립해가는 과정을 말하기도 한다.

분명한 것은 어떤 상처와 특수한 유발자극이 만나면 강력한 화학작용을 일으킨다는 것이다. 평소에는 멀쩡한데 연애만 하면 불안증 환자가 되고, 사람들과 잘 지내다가도 권위적인 사람 앞에만 서면 분노가 폭발하고, 누군가 칭찬하고 호감을 표현하면 자꾸 의심하게 돼서 도망치듯 한 걸음 물러난다. 이제 좀 괜찮아졌겠지 싶다가도 불치병처럼 느껴지고, 때론 그런 적이 있었나 싶다가도 별안간 우리를 벼랑 끝으로 세워놓는다.

책《내가 누군지도 모른 채 마흔이 되었다》에서는 유년기에 겪은 상처의 본질에는 크게 두 가지가 있다고 설명한다. 하나는 무시당하고 버림받은 기억이고, 다른 하나는 삶의 무게에 짓눌린 경험이다. 부모로부터 받은 폭력과 차별, 소중한 사람에게 버림받은 기억, 돈 때문에 겪은 수치와 치욕, 따돌림과 소외의 기억들은 잘 자고 잘 먹어도 괜찮아지지 않는다.

번번이 비슷한 문제를 만날 때마다 긴장되고 불안하다. 때론 '내가 도대체 왜 이러지' 싶을 정도로 사람을 퇴행시킨다. 이제 갓 5살 된 딸의 사소한 거절에도 우리 엄마도 그랬다며 서글프게 우는 엄마를 보았다. 오래전에 파묻어두고 위치를 잊어버린 폭탄처럼 수시로 펑펑 터진다. 어쩌면 사는 동안 평생 감정의 너울을 감당해야 할지도 모른다.

우리는 앞으로 어떻게 상처와 어울려 살아야 할까? 비교하지 않으면서 꿈을 쫓고, 두려움 없이 친구를 사귀고, 거절 앞에서 벌벌 떨지 않고 싶은데. 매번 이렇게 속수무책으로 당하고 있을 수밖에 없는 걸까?

추측하지 말고 질문할 것

돈 미겔 루이스가 쓴 《네 가지 약속》은 천 년간 전해온 톨텍 인디언들의 지혜를 담은 책이다. 저자는 우리의 행복을 위해서 세워야 할 네 가지의 약속을 제안하고 있는데, 그중 세 번째는 '추측하지 마라'이다. 우리는 어떤 것을 제대로 이해하지 못했을 때 의미에 대해 추측한다. 그 과정에서 모든 것을 자신의 문제로 받아들여 감정의 독을 쌓는다.

깊은 상처를 가져본 사람은 더욱 그렇다. 한번 아파본 사람들은 특수한 유발자극의 상황에 놓였을 때, 상대의 의도나 또 다른 진실을 알기 위해 노력하기보다는 습관적으로 추측하는 경향이 있다. 예를 들면 이런 식이다.

싫다고 말했어 ➜ 나를 떠난다는 뜻일 거야

보고도 아는 척하지 않았어 → 나를 무시한다는 증거야

연락이 없었어 → 나를 싫어한다는 거야

분명히 다른 갈래길이 있음에도 불구하고 길들여진 방향으로 자신과 상황을 부정적으로 몰아간다. 책에서는 제멋대로 추측하지 말고 질문을 하라고 조언한다. 자기 자신에게 질문하고 대답할 시간을 갖지 않으면 스스로를 과대평가하거나 과소평가하게 되기 때문에, 좀 더 자신에 관하여 많은 정보를 수집하고 정말 원하는 것에 솔직해지라고 말한다.

다시 새끼 꿩과 새끼 갈까마귀 이야기로 돌아가보자. 그들은 어미의 자극에 반응하면서 '왜?'라고 질문하지 않는다. 잠들기 전에 '아까 내가 왜 그랬지?'라고 고민하지 않는다. 질문하지 않기에 다른 선택을 하기가 어렵다.

그러나 당신은 의문을 품을 수 있다. '이게 정말 내가 원하는 거야?'라고 묻고 생각하는 시간을 가질 수 있다. 그리고 그 답에 따라 조금씩 반응의 각도를 다르게 조정할 수 있다.

"지금 내게 어떤 일이 벌어지고 있는 거지?"

"이건 정말 내가 원하는 거야?"

"상처와 나 사이에 어떤 다른 선택이 있을까?"

당신도 그렇게 예민하게, 소심하게, 까칠하게 반응하고 싶지 않다는 것을 안다. 대수롭지 않게, 때론 너그럽게 넘기고 싶을 것이다. 그렇다면 추측하지 말고 질문해보기를 권한다. 예전처럼 버려지거나 다시 실패할 것만 같이 느껴질 때, 지금 이 사건은 당신의 무엇을 자극했는지, 어떻게 하면 더 나은 선택을 할 수 있을지 답을 구했으면 좋겠다. 나는 '질문'이야말로 상처를 조련시킬 수 있는 훌륭한 도구라고 믿는다.

당신과 상처의 관계에는 분명히 '사이'가 존재하기 때문에, 마침표 대신 물음표를 찾다 보면 완전히 다른 옵션도 가능하다는 것을 깨닫게 된다. 이전처럼 강한 척하지 않고 '당신의 도움이 필요하다'고 말할 수 있고, 모두 너 때문이라고 비난하는 대신 '서운했다'고 고백할 수 있게 된다. 멈추어 질문해야 당신이 정말 원하는 것과 가까워진다.

애초부터 그런 노력을 하지 않는다

첫째 아들은 이제 7살이 되었다. 유치원 형아 반으로 들어갔다고 한글이며 영어며 공부가 부쩍 늘었다. 우리 부부는 그동안 유치원에서 받아오는 묵직한 책들을 제대로 열어보지 않는 무심한 태도를 보였다. 그래도 내년에는 초등학생이 되니까 서점에서 한글쓰기 책을 몇 권 사서 아이하고 해볼 작정이었다.

"아들, 우리 한글 공부할까?"

"아니, 지금은 하고 싶지 않아."

"한글을 알아야 내년에 학교 가서 힘들지 않을 텐데. (갑자기) 이거 무슨 글자인 줄 알아?"

"몰라." (매우 당당해 보인다)

"그것 봐. 모르면 불편하잖아."

"불편은 하지···."

"···." (기대를 가지고 기다린다)

"근데, 엄마 나 한글 못 해도 나 사랑하잖아!"

"응? 응, 그건 그렇지."

총총총 돌아서 가는 아들의 뒷모습에 당황스러웠다가 한편으로는 부러웠다. 조건적인 사랑을 경험해본 이들이라면, 잘 기능하거나 유능하지 않아도 변함없는 사랑을 받을 수 있다고 믿는 것이 얼마나 어려운 일인지 안다. 그것을 알기에 우리는 오늘도 새벽까지 일하고, 착한 사람처럼 참고, 울면서 'yes'를 하고 있는 게 아닐까.

문득 초등학교 때 시험지를 고쳐 썼던 일이 떠올랐다. 빨간색 색연필로 동그라미와 작대기가 그려진 채점이 끝나면 선생님은 한 명씩 아이들의 이름을 부르면서 누런색 갱지 시험지를 나누어 주었다. 나는 항상 앞번호라서 금세 이름이 불렸는데 그 순간이 참 떨렸다.

평생의 원수인 수학을 망친 날이었다. 얼른 시험지를 감추고 집으로 돌아와 '어쩌지, 어쩌지···' 하다가 고치기 가장 적당한 문제를 찾아내었다. 1번이라고 쓴 답안지 위에 선생님은 빨간색 색연필로 긴 작대기를 그었는데, 나는 연필로 정성껏 획을 더해서 4번으로 고치고 아빠에게 '선생님이 잘못 채점했다'고 말했다.

아빠는 시험지를 코앞까지 가까이해서 유심히 검열하더니 잠시 후 나를 빤히 보았다. 나중에 알았지만 연필로 획을 더하면서 빨간색 색연필 자리가 뭉그러졌던 모양이다. 그 은밀한 작업이라는 것이 말할 수 없이 미숙했다. 아빠는 아빠를 속인 죗값을 추가하여 회초리를 들었다. 그리 강인한 심장도 못 되는 조그만 것이 왜 그런 노력까지 하는지에 대해서는 그 누구도 관심이 없었다.

아빠는 내가 7살 때부터, 그러니까 더 정확히는 엄마와 이혼하고 혼자서 나를 맡기 시작한 때부터 공부에 야단이었다. 딸이 누워 잠드는 곳 천장에, 화장실 왼쪽 벽면에, 하나뿐인 방문 앞뒤에, 눈높이에 맞는 구구단 표를 손수 써서 붙여두었다.

아빠가 회사에서 돌아오면 오늘은 2단, 내일은 3단 식으로 구두 시험을 봤다. 아빠의 퇴근시간이 다가오면 손에 땀이 났다. 단수가 올라갈 때마다 시험은 어려워졌다. 한 고비가 끝나면 역순으로 외워야 했고, 랜덤으로 문제풀이를 해야 했다. 조금만 버벅거리면 불호령이 떨어졌다. 아빠는 구구단을 잘하면 인생을 바꿀 수 있다고 믿었을까? 요즘이야 초등학교 입학 전에 한글을 떼고 가네, 구구단을 외우네 하지만 33년 전 그 시절에 그런 유난은 드물었다.

"공부 잘해서 의사 되어야지. 그래서 엄마에게 보란 듯이 보여 줘야지."

아빠에게는 목표가 있었다. 홀아비 손으로 딸을 이렇게 잘 키웠다고, 우리를 버리고 떠난 여자에게 큰소리치고 싶었다. 공부 잘해서 좋은 직장 다니고, 돈 많이 벌어서 네 인생 편히 살라는 딸에 대한 사랑이 없지는 않았겠으나 아빠의 입을 통해 들은 적은 없었다.

아빠의 그런 부산함 때문인지는 몰라도 초등학교까지는 반장이네, 부반장이네 도맡아하면서 공부를 곧잘 했다. 운동장 조회할 때 교장 선생님에게 대표로 상도 받았다. 그러나 학년이 올라갈수록 그런 일은 드물었다. 아빠가 구구단부터 그렇게 극성을 떨었는데 특히 수학이라면 무서울 만큼 싫었다.

고등학교에 가서는 연극을 한다고 쏘다녔다. 대학을 포기할 정도의 성적은 아니지만, 이미 하얀 가운을 입은 의사는 될 수 없었다. 언젠가부터 나는 성적표를 보여주지 않았다. 아빠도 더는 궁금해하지 않았다. 딸의 성적보다 더 벅찬 일이 아빠에게는 자주 일어났다.

그러나 나는 이후로 의사가 되지 않았을 뿐 성공에 열을 쏟는 사람으로 살았다. 주변에서 말하는 '불쌍하고 기특한 것'에 부응하고 싶었다. 승진하면 아빠는 좋아했고, 더 큰 회사에 들어가도 크게 웃었다. 대학원에 입학하자 열심히 해보라고 말해주었고, 박사 공부를 시작할 때는 우리 딸이 박사라고 말을 옮기고 다녔다.

그 후로 오랫동안 나는 내가 성취 지향적인 사람인 줄 알았다. 겁도 없이 도전하고, 사람보다 일이 우선이고, 격렬한 경쟁을 즐기며 위로 올라가야 직성이 풀리는 천성을 가진 줄 알았다. 그러나 늘 한 고개를 넘으면 더 큰 고비가 찾아왔다. 이번 산만 넘으면 좀 쉴 수 있겠지 했지만 그곳에는 쉼터가 없었다. 여전히 땡볕이었다. 어느 지점부터는 내가 원해서 하는 일인지, 살아남기 위한 도피적 습관 같은 것인지 알 수 없었다.

인간중심 상담에는 '가치 조건화'라는 개념이 있다. 내게 소중한 사람, 의미 있는 사람들로부터 인정받고 사랑받고 싶은 마음 때문에, 본래 자신이 가진 방향성을 포기하고 애정과 관심을 받는 데 도움이 된다고 생각하는 가치를 진짜로 착각하면서 살아가는 것을 말한다.

있는 그대로 존중받고 사랑받는 경험을 해본 적이 없는 사람은 그런 것이 있다는 것도 잘 모른다. 100점 받을 때만 부모가 웃어주고, 돈을 쓸 때만 친구들이 쳐다봐주면 공부 못 해도, 돈이 없어도 사랑받을 수 있다는 것을 믿을 수 없게 된다. 그래서 원하지 않지만 필요한 가치를 찾아 헤매다가 '도대체 나란 사람은 누구지?' 하는 혼란스러움에 빠진다. 본래의 나와 사람들이 요구하는 나 사이에서 심리적인 어려움을 겪는다.

~해야 사랑받는다

A는 가족에 대한 미움, 특히 언니에 대한 분노 때문에 찾아왔다. 언니만 아니었어도 삶이 이렇게 불행하지는 않았을 거라며 이야기를 시작했다.

A의 언니는 선천적으로 몸이 약했다. 어릴 적에 큰 수술을 여러 번 하고 잔병치레도 많았다. 그러다 보니 부모님은 늘 언니에게 신경을 썼고 A에게는 "너라도 우리를 도와다오. 알아서 좀 해야지."라고 말했다. A의 기억에는 부모님의 관심을 받고 싶어, 뜨거운 수건을 머리에 한참 대고 있다가 엄마에게 간호해달라고 응석을 부린 적도 있다고 했다. 그러나 부모는 너무 지쳐 있었다. 아픈 것으로는 언니를 이길 수 없었다.

언니는 자라면서 학교를 자주 빠졌다. 몸이 아파서도 그랬지만 사춘기를 겪으면서 본격적인 방황이 시작되었다. 술을 마시고, 나쁜 친구들과 어울리고, 경찰서를 통해서 집에 돌아오는 일도 종종 생겼다. A 역시도 사춘기를 지나면서 일어나는 일들, 이를테면 친구와의 갈등, 성적에 대한 압박, 미래에 대한 두려움이 있었으나 이번에도 언니에게 상대가 되지 못했다.

"그럴 때 마음이 어땠어요? 언니에게만 관심이 쏠릴 때 말이에요."

"어릴 때는 그게 문제인 줄 몰랐어요. 외로웠지만 당연하다고 생각한 것 같기도 하고요. 언니가 아프니까, 나보다 더 힘드니까요."

언젠가부터 A는 집에 있는 듯 없는 듯 문제를 일으키지 않는 딸이 되는 것이 가장 필요한 가치임을 알게 되었다. 힘들어도 말하지 않았고, 아파도 괜찮다고 했다. 간혹 부모님은 그런 A에게 미안하다거나 고맙다고 했는데, 그래야 그런 말이라고 들을 수 있다고 했다.

참고 견디어야 사랑받는다.

이렇게 자신의 가치가 조건화되면 진실한 욕구를 따라 살기가 어려워진다. 부당한 일이 있을 때 따질 수 없고, 한계에 다다랐을 때 도움을 요청하기 어렵다. 오랜 친구들은 너는 속을 알 수가 없다고 말하고, 연애할 때는 희생을 당연하게 생각하는 남자를 만나게 되며, 직장생활을 하면서는 사람들이 만만하게 본다. 동료들이 업무를 은근슬쩍 넘기는 일도 생기고, 남이 저질러놓은 실수를 억울하게 덤터기 쓰는 일이 허다했다.

A는 어떤 새로운 일을 할 때마다 쉽게 포기하게 된다고 했다. 더는 이렇게 살 수 없다는 생각이 들 때면 이것저것 시도해보기는 하는데, 최종 선택을 앞두고는 안 될 이유를 찾아 포기했다. 한 걸음만 더 걸으면 끝날 일도 갑자기 계획을 헝클어뜨려놓고 합리화했다.

"사람들이 반복적으로 하는 행동은 사실 어떤 도움이 되기 때문이거든요."

"자꾸 포기하는 것도 도움이 되는 거라고요?"

"네. 이것으로 얻는 이득이 있기에 우리의 마음이 포기하지 못하는 거예요."

"아⋯."

"중간에 자꾸 포기하는 일이 누구에게 가장 도움이 될까요?"

"부모님이요?"

"부모님이 떠올랐군요. 그런 생각이 든 이유가 뭘까요."

"그래야 아무 일도 일어나지 않으니까요…."

나를 위한 노래 부르기

페터 볼레벤이 쓴 《나무 수업》에는 발버둥 치는 한 참나무가 소개된다. 참나무에게 햇볕은 생의 원동력이다. 참나무는 늘 어떻게 하면 햇볕의 사랑을 더 가까이에서 받을 수 있을까 연구한다. 그러나 살다 보면 햇볕을 충분히 받지 못하는 비극이 생긴다. 씨앗이 그늘진 곳에 잘못 떨어져 척박한 환경에서 자라야 할 수도 있고, 엉뚱하게 다른 나무 씨앗이 옆에 떨어져 햇볕을 가리기도 하고, 그 뿌리가 참나무를 깊게 파고들어 성장을 방해하는 일도 생긴다.

이럴 때 참나무는 두려움을 느낀다. 위로 자라야 하는데, 햇볕의 사랑을 받아야 하는데 닿을 수 없어서 불안해진다. 저자의 표현을 그대로 따르자면 "이 미칠 것 같은 두려움 때문에 규칙에 위배되는 짓을 저지른다". 바로 줄기 저 아래쪽에 가지와 잎을 만드는 것이다. 조금이라도, 그러니까 할 수 있는 무엇인가라도 해서 햇볕을 더 받아보겠다는 사정이다. 이렇게 나온 잎들은 특히 크고 부드러워 수관의 잎보다 적은 빛을 잘 활용하기 때문이다.

그러나 안 그래도 햇볕이 부족해서 시름시름 앓아가는데 저 아래쪽의 가지라니. 소용없는 일이다. 이내 잔가지들은 말라붙는다. 부족한 에너지만 낭비한 꼴이 되었다. 그렇게 참나무는 한동안 버티다 결국 수건을 던진다. 저자는 이런 참나무를 볼 때, 그들이 얼마나 죽음의 공포에 질려 있었는지 알 수 있다고 했다. 그리고 말한다.

"건강한 나무는 애초부터 그런 노력을 하지 않는다."

그렇다. 건강한 사람은 애초부터 자신의 에너지를 고갈해가면서 필요 이상의 업적을 세우려고 핏대를 세우지도 않고, 자기 권리까지 포기해가며 상대를 배려하지도 않으며, 필요 이상의 분노를 끌어들여 사람들에게 강함을 보여주려 하지도 않는다. 남들에게 들려주기 좋은 노래보다는 자신을 위한 노래를 부를 줄 안다.

A와 참나무 이야기를 나눌 때쯤 그녀는 독립을 준비하기 시작했다. 이제는 가족이 아니라 자신을 삶의 중심부에 두고 인생을

다시 설계하고 싶다고 했다. 그러나 지금처럼 경제적으로 부모에게 의지하고 있는 상황에서는 심리적인 경계도 세우기 어려웠다. 전에도 방을 얻어서 나가 살고 싶다고 했을 때 부모님은 '너라도 집에 없으면 어쩌니' 했었다. 그걸 모른 척할 수 없었다.

양육의 최종목표는 자식을 심리적, 경제적으로 독립시키는 일이다. 때때로 부모가 그것을 지연시킬 때 자녀들의 내면 성장이 어려워진다. 우리는 그것이 마땅하지 않음을 알아야 한다. A는 이제 부모가 원하는 딸로 살아가는 것이 얼마나 이상한 일인지를 알게 되었다고 말했다. 더 억울한 마음이 들기 전에 자기 시간을 되찾아와야겠다며 웃었다.

한때 나도 서커스단에서 훌라후프를 돌리고 공을 굴리는 코끼리처럼 뭐라도 해야 삶이 돌아간다고 믿었다. 아무도 나를 봐주지 않을까 봐 무서워서 멈추지 못했다. 그러나 사실 코끼리는 긴 코로 묘기를 부리지 않아도 그냥 코끼리다. 버려질까 봐, 맞을까 봐 겁내지 않는다면 코끼리가 그렇게 무거운 몸을 세우고 비틀고 할 이유가 없다.

기특한 코끼리에게 박수를 쳐주던 관객은 결국 떠난다. 우리는 누군가의 딸이나 아들로 보낸 시간보다 더 많은 시간을 '나 자신'

으로 살아야 한다. 그러기 위해서는 관객들이 기뻐할 일이 아니라, 스스로 만족할 일을 찾아야 한다. 당신이 흥얼거리고 싶은 노래 말이다. 그때 그런 일이 없었더라면 하지 않았을 노력은 그만두는 것이 좋다.

그래, 네 잘못이 아니야

일 년에 몇 번쯤 안부인사를 주고받는 후배에게 전화가 왔다. 평소에 자주 연락을 하지 않던 지인들이 전화하는 경우는 대개 결혼을 하거나, 도움을 청하거나 둘 중 하나일 가능성이 높다. 한번 만나자는 후배와 약속을 잡았다.

"너 연애한다는 얘기는 들었는데 결혼하니?"
"네, 그러려고 했는데… 잘 모르겠어요."

뜻밖의 답을 듣고서는 어쩌면 갑작스럽게 만남을 서두른 이유가 두 가지 이유 다일 수도 있겠다는 생각을 하며 기다렸다. 후배의 이야기를 정리하자면 이렇다. 30대 중반에 들어서는 커플은 1년의 연애기간이 지나고 자연스럽게 결혼 이야기가 오갔다. 그런데 문제는 상견례가 잡히고 집안 이야기를 본격적으로 하게 되면서 어쩐지 마음이 불편하더라는 것이었다.

"어떤 점이 네 마음을 불편하게 하니?"
"결혼을 생각하는 사람에게조차 나를 감추는 것 같아서요."
"감춘다는 느낌이 든다고?"
"네. 저는 어릴 적 이야기, 특히 우리 집안… 부모님에 관해서 통 말을 안 해요. 제가 이야기하려고 하지 않으니까 잘 묻지 않는 것도 있고요."
"그 사람에게조차 말하기 어려운 이유가?"
"부끄럽고 창피해요. 나라는 사람을 오해할 것 같고…."

후배는 아버지의 얼굴을 잘 기억하지 못한다. 듣기로는 아주 어렸을 때 돌아가셨다고 했다. 이후로 엄마는 후배와 동생, 두 아이를 키우기 위해 작은 술집을 열었다. 호프집인지 포장마차인지는 잘 모르겠다. 후배는 그냥 '술장사'라고 표현했다. 후배가 남들보다 빨리 취업하고 자리를 잡은 것도 다 엄마의 고단한 인생을 보며 자랐기 때문이었다.

후배는 엄마가 술집을 하는 것이 싫었다. 사람들이 알면 자신을 싫어하고 괴롭힐 것만 같았다. 엄마 가게는 사는 곳에서 꽤 멀었지만, 친구들이 무리지어 쑥덕거리고 있을 때는 '혹시 내 이야기하나?' 생각했고, 그 동네 이야기만 나와도 '일부러 내 앞에서 저러는 건가?' 하기도 했다. 그래서 학창시절에도 일부러 친구를 깊게 사귀지 않았다. 친해져서 속 이야기를 나누는 것이 무섭고 싫었다. 가정통신문에 엄마의 직업을 물어볼 때도 '사무직'으로 썼고, 학교에서 엄마를 오라고 하면 알아서 둘러댔다.

결혼 이야기가 오가는 남자친구와 이런 상처에 관해서 나누어본 적이 없었다. 더 어릴 때는 '사랑하면 모든 걸 공유해야지' 하면서 꺼내놓기도 해봤지만, 결정적인 순간에는 손해가 된다는 생각이 들었다. 처음에는 이야기할 필요를 못 느꼈고, 어느 순간이되니 말할 타이밍을 놓친 것 같았다. 그러나 이런 상태에서 남자와 결혼해도 괜찮은 건지, 이제라도 자신의 숨은 부끄러움과 두려움에 관해 말을 해줘야 하는 건지 혼란스러웠다.

"선배, 그게 내 잘못은 아니잖아요? 근데 왜 내 잘못인 것 같지요? 왜 내가 부끄러워해야 하지요?"

우리는 둘 다 조용히 울었다. 상처를 공유할 준비가 되지 않은 사람과의 결혼은 너무 외로운 여행이 될 것 같다고 말하고 싶었지만 더 좋은 때가 있을 것이라고 생각했다. 가장 확실한 한 가지만 덧붙였다.

"그렇지. 그건 네 잘못이 아니야."

우리는 다른 사람의 눈에 부족해 보이거나 열등해 보일 것 같은 느낌을 싫어한다. 특히 의미 있는 타인에게 부정적 평가를 받을지도 모른다는 두려움은 공포스럽다. 자신에게 그럴 힘이나 통제권이 없었는데도 말이다. 그것은 부모의 세계에서 일어난 일이고 나에게는 책임이 없음에도 불구하고, 자신을 부끄러워하거나 미워하면서 감정의 이중고를 겪는다.

정서치료에는 '자기의 취약성'이라는 개념이 있다. 자기 마음속에 있는 부정적인 감정을 다스리지 못하고 와르르 무너질 것만 같은 느낌을 뜻한다. 몰래 숨겨둔 경험의 일부가 누군가에게 노출되었을 때 다른 사람이 자신을 경멸하고 비난하고 거부할 것 같은 두려움, 자기에 대한 위협감이나 버림받을지 모른다는 두려움에 휩싸인다. 그래서 마음을 함부로 꺼내놓지 못한다.

나는 유독 돈 앞에서 부끄러웠던 기억이 많다. 초등학교 5학년 때 일이다. 어릴 때는 공부도 곧잘 하고 야무지게 말을 해서, 각종 발표 일을 도맡아 하고 글쓰기 대회에서도 상을 받아 챙기는 아이였다. 그러다 보니 얼굴이 제법 알려져 있었고, 선생님들도 이곳저곳에서 찾는 통에 여러 반을 기웃거리던 해였다. 어느 날, 낯선 얼굴의 친구가 문 앞에서 소리쳤다.

"학생주임 선생님이 4교시 끝나고 오래!"

의심 없이 학생주임 선생님 반으로 갔다. 그런데 나 말고 다른 아이들 세 명이 대기하고 있었다. 선생님에게 묵례를 하자 놀란 눈빛으로 답을 하고는 말씀하셨다. 우리 네 명이 5학년 중에서 아직도 육성회비를 못 낸 아이들이라는 설명이었다.

'아, 창피하다….'

보통 육성회비 내는 날짜를 안 지켰다고 이렇게 학교에서 칼같이 한 번에 아이들을 불러 마음에 칼질을 내지는 않는다. 1차 안내, 2차 경고를 하였는데도 돈을 내지 못한 아이들에게 최종 통보를 하는 자리였다. 선생님은 부모님에게 말씀드려서 빨리 내야 한다고 설명했다.

'선생님도 답답하시네. 지금 우리 네 명이 부모님께 말씀 안 드려서 못 냈다고 생각하시는 걸까?'

나는 처음부터 끝까지 '맨 앞줄에 있던 친구들이 들었겠지?' 하는 생각뿐이었다.

또 이런 기억도 있다. 예전 겨울은 지금보다 확실히 추웠다. 그런데 중학교 때까지 코트 한 벌이 없어서 한겨울에도 교복 위에 청재킷을 입고 다녔다. 그것도 색이 허연. 친구들은 원색의 '오리털 파카'라고 불리던 것을 입고 다녔다. 유행하는 브랜드가 있었다. 한 친구가 내게 물었다.

"넌 왜 청재킷만 입고 다녀? 춥지 않아?"
"나 추위 잘 안 타는 편이야. 원래 청재킷 좋아하…."

코트가 없어서라고 말할 수 없었다. 그날 나는 이미 아침부터 보일러가 꺼진 집에서 전기장판 하나에 의지하며 잠을 잤고, 차디찬 물에 머리를 감느라 머리가 얼어 터질 것 같아서 몇 번 소리를 지르고 온 길이라고 이야기할 수 없었다.

고등학교 다닐 때쯤인가. 아빠가 마지막이라고 벌여놓은 사업이 시작도 하기 전에 쫄딱 망했다. 그나마 몸을 뉠 수 있던 집도 넘어갔다. 게다가 이번에는 아빠까지 잡혀들어갔다. 빚진 돈을 갚을 능력이 없는 사람은 매일 얼마씩 그 대가로 소위 '살고 나와야 한다'고 어른들은 말했다.

그래도 아비 얼굴은 봐야 하지 않겠냐는 엄마를 따라나섰다. 젠장, 또 겨울이었다. 이가 딱딱 부딪힐 만큼 추웠다. 긴장해서 그런 것만은 아니었다. 두툼해 보이는 옷을 맨살에 껴입고 아빠는 유리벽 너머의 딸을 만나러 걸어 나왔다. 하얀색 상의, 가슴팍에는 누구누구 아빠라는 운동회 명찰 대신 번호표가 붙어 있었다. 그새 까칠해졌지만 누구든 "네 아빠지?" 할 수 있는 이목구비다.

"이런 곳에 애는 뭐 하러 데리고 왔어?"

아빠는 엄마에게 괜히 성난 말을 던지고는 나에게 "왔니?" 했다. 이렇게라도 봐서 마음이 놓인다는 눈빛이었던 것도 같다. 큰 눈이 빨개지도록 시큰해했다. 그러고는 걱정하지 말라는 말만 되풀이했다.

이후 엄마와 월세방을 전전했다. 밤과 낮의 구분이 없는 지하실 바닥에 방 하나, 좁은 부엌 하나가 딸린 집이었다. 시험공부를 하려면 시궁창이 나 있는 바닥에, 격이 맞지 않게 빛나는 은박 돗자리를 깔았다. 글자 하나라도 집어삼키려면 음침한 형광등 아래에서 눈을 껌벅여야 했다. 시큰한 썩은 내가 올라와도, 역겨운 내도 기꺼운 아이처럼 숨을 쉬었다. 밤마다 우는 엄마의 속사정을 보면서 마음에 슬픔이라는 것은 꼼짝달싹할 수가 없었다.

엄마는 악착같이 버티어보려고 했다. 친척들에게 돌아가며 돈을 꾸다 인심을 잃었고, 고깃집에서 일하다가 불판 든 값보다 병원 값이 더 나왔다. 엄마가 이대로는 둘 다 굶어 죽는다고, 일본에 가서 전셋집 마련할 돈을 벌어오겠다고 했다. 왜 하필 그렇게 멀리. 나를 아빠의 동생인 작은아빠에게 머리를 조아리며 맡겼다. 형의 딸을 떠안은 작은엄마와 작은아빠는 다른 말이 없었다. 그렇게 나를 보내는 날, 엄마는 택시 안에서 많이 울었다. 홀로 남겨진 내가 불쌍해서인지, 자기 인생이 초라해서인지 좁은 택시 안에서 우렁차게 울었다.

우습게도 나는 그동안 돈이 우선이 아닌 사람처럼 구는 일들이 많았다. 직장을 다닐 때는 연봉보다는 성장이라고 했고, 결혼할 때도 재력보다는 성격이라고 떠들었고, 사업을 할 때도 수익성보다는 의미라고 설명했다. 그러나 나는 돈에 의연한 사람이 아니다. 다만 여전히 입에서 '돈돈'거리는 것이 그냥 부끄럽게 느껴진다. 그래서 돈에 매달리지 않는 척했다. 돈이 없으면 슬픈 일만 생기는 것이 아니라, 누군가를 미워하게도 되는 것을 알기에 무섭다. 그렇지만 무서운 척하지 않는 것뿐이다.

후배에게 건넨 말처럼, 우리 집에 돈이 없다는 것은 내 잘못이 아니다. 그러나 사람들이 다른 눈빛으로 볼 때면 '부모의 문제는 너의 문제이기도 하다'고 말하는 것 같았다. 친구들이 우리 집에 놀러 가자고 하면 거짓말을 해야 할 때, 골목에서 친구를 만나면 큰 대문이 달린 집으로 들어가는 척을 할 때 부끄러웠다. 그렇게 엄마가 하는 일이 싫으면서도 입 다물고 돈을 받아야 했던 자신에게 화가 나더라는 후배처럼, 작은아빠에게 용돈을 받기 위해 손을 내밀 때마다 수치스러웠다.

그러나 이것은 우리의 잘못이 아니다. 부모가 못 배우고, 마음에 문제가 있고, 가정을 해체하고, 돈 벌 능력이 부족했던 것은 당신 때문이 아니다.

상처에 익숙한 사람들의 특징 중 하나는 '내가 더 잘 처신했더라면 상황이 달라졌을까?' 하면서 상황을 곱씹는다는 것이다. 부모가 이혼을 하게 되자 "내가 태어나서 그런 거래요."라고 말하던 아이를 만난 적이 있다. 너희들 때문에 힘들다며 엄마가 떠난 이후에 희생을 자처하며 살았다는 사람도 있고, 네가 자꾸 울어서 우환이 생긴다던 아버지의 말을 새김질하며 사는 사람도 있다. 가족의 비극에 엄중한 책임을 나누어져야 할 것 같은 굴레에 휩싸인다.

그러나 우리는 그저 마른 토양에 씨앗으로 떨어졌고, 좀 더 목마르고 거칠게 살아온 것뿐이다. 때론 '원래 비난받아 마땅한 대상'에게 비난을 돌리는 것이 마음 치료에 도움이 될 때가 있다. 부적절한 이유로 자신을 책망할 때는 그렇다. 나와 당신의 가정에 일어난 고통은 당신 때문에 벌어진 일이 아니다. 기억하는 수치와 모욕은 그것을 던진 그들의 몫으로 보내고 자유로워졌으면 좋겠다. 부모의 부족함과 잘못된 선택 때문에 벌어진 일까지 당신 자신에게 돌리지 않기를 바란다.

당신이 책임져야 할 시간은 그때 그 일이 아니라 '지금 이 순간'이다.

갑자기 눈물이 떨어질 때

집에서 강의 준비를 하던 날이었다. 막 샤워를 마치고 나왔더니 밖에서 어린아이 울음소리가 길게 들려왔다. 옹기종기 빌라들이 모여 있어서 앙칼진 소리가 크고 분명하게 잘 들렸다. 베란다로 고개를 내밀었다. 골목길에는 네 살쯤 되어 보이는 딸아이가 유모차 안에서 울어대고 아빠가 마주 서 있었다. 이미 아주머니 두 분이 목을 내놓고 바라보다 들어갔다. 그런데 그 아빠를 자세히 보니, 아까 부부싸움 하던 집의 남자 같다. 이른 새벽에 부부싸움 소리가 크게 들리고 아이들이 떼창으로 울었었다. 경찰차가 왔고, 엄마가 갓난아기를 감싸 안고 차에 오르는 것을 보았다.

난데없이 눈물이 쏟아졌다. 잠시 후 나는 계단을 뛰어 내려가고 있었다. '미쳤어, 미쳤어.'라고 중얼거렸지만 이미 가느다란 팔자 수염을 가진 남자의 얼굴 앞에 서 있었다. "저기… 아이가 많이 우네요. 도와드릴까요?" 아빠는 아이가 걷지 않고 유모차만 타려고 해서 훈육하는 중이라고 했다. '아, 이게 무슨 오지랖이냐' 하면서도 아이 앞에 쭈그려 앉았다.

"아이고 귀염둥이, 슬퍼요? 뚝뚝. 울지 마. 괜찮아, 괜찮아. 토닥 토닥."

아이는 낯선 아줌마의 등장에 울음을 멈추었다. 아빠는 고맙다고 인사하며 유모차 손잡이를 틀었다. 다리가 풀렸다. 지금 무엇을 한 거지? 그대로 주저앉아 아까보다 더 크게 울었다. 남편은 당신도 갓난쟁이 엄마니까 안쓰러워 보여서 그런 거라고 하지만, 아니다. 버선발로 뛰쳐나가 그렇게 한참을 가슴 쥐어뜯을 일이 아니었다. 그 아이가 나였다. 울고 있던 아이. 엄마가 사라지고 아빠랑 남은 아이가 나다.

어린 시절의 상처에 관하여 무엇인가를 해야 한다고 느낀 것은 그때쯤이었다. 이후에도 운전을 하고 가다가 차가 막히면 한숨이 나야 하는데 눈물이 쏟아졌다. 길을 걷다가 8차선 사거리 한복판에서 햇살이 좋다고 생각하다가 눈물이 흘렀다.

무엇인가를 해야 한다면 그것은 '애도'라 불러야 어울렸다. 나는 살면서 꽤 중요한 것들을 잃어버릴 때마다 적당한 의식을 갖추지 못했다. 아이의 비극은 입 밖으로 꺼내면 모두가 불편해지는 비밀로 취급되었기에, 아닌 척 넘어가는 삶에 그럭저럭 적응해갔다.

곧 상담을 시작했다. 선생님은 이번 사건을 통해서 무엇을 느꼈냐고 물었다. 가슴이 아팠다고 답했다. 그동안 아무도 나를 위로해주지 않아서 너무 외로웠노라고 고백했다. 어른들은 아이를 그렇게 내버려 두어서는 안 되었다고 화를 냈다. 어른들도 오죽 힘들면 그랬겠느냐는 설명보다는 훨씬 솔직하게 들렸다.

책 《파리의 심리학 카페》에는 첫 장에 다음의 대목이 나온다.

"심리학 카페를 열며 18년간 5만 명에 이르는 사람들을 만난 나에게 많은 이들이 묻습니다. 카페를 찾은 사람들이 가장 많이 하는 말이 무엇이냐고요. 그것은 미래에 대한 불안이나 불공평한 세상을 향한 분노의 말도, 가슴 아픈 사랑으로 인한 상처의 말도 아니었습니다.

바로 '왜 이렇게 눈물이 나는지 모르겠어요'였지요."

"너 왜 우니?"라고 누가 물어도 눈물에 딱히 적당한 이유를 붙이기 어려울 때가 있다. 엉뚱한 곳에서 눈물이 터져버리는데도, 주책맞게 왜 자꾸 이렇게 눈물이 나는지 스스로 설명하기 어려울 때 말이다. 살면서 한 번쯤은 그런 때가 온다.

얼마 전, 일을 할 때 공감능력이 부족해서 어려움을 겪고 있다
는 A가 찾아왔다. 그녀가 들려준 에피소드는 이렇다. 한번은 직장
동료가 업무적으로 실수를 했다. 상사에게 크게 혼이 났고, 고객
사로부터 흉을 들었다. 동료는 사람들에게 억울하다며 하소연을
했다. 다른 팀원들은 어깨를 두드리며 위로를 해주었다.

"괜찮아. 직장생활 하다 보면 그런 날도 있는 거지."
"얼마나 속상하니. 우리는 알아. 네 실수만은 아니잖아."

하지만 A는 위로할 수가 없었다. 잘못을 했으면 책임을 져야지.
감정적으로 대응하는 동료도 이해할 수 없고, 한편이 되어서 위로
하는 주변 사람들도 이상해 보였다. 이런 이질감은 회사에서뿐만
아니라 친구와 연인 사이에서도 있었다. 그들은 냉정하다며 A와
거리를 두었다. 나는 A에게 위로에 관한 몇 가지 경험을 물었다.

"살면서 누군가에게 충분히 위로받은 경험이 있나요?"
"네?"

"이 사람이라면 나를 위로해줄 거야, 무조건 내 편이지 했던 사람이 있었나 싶어서요."

"…."

그녀는 갑자기 눈물을 뚝뚝 흘렸다. 눈물이 나면 그냥 울어도 될 텐데 "갑자기 내가 왜 울지? 아, 왜 이렇지? 죄송해요."라고 말했다. 나는 죄송한 일이 아니라고, 여기는 울고 싶어 오시는 분도 많다고 답했다.

어릴 때부터 그녀의 부모는 늘 바빴다. 특히 엄마는 A에게만 유독 냉정하게 대했는데, 아마도 아빠를 닮아서가 아니었을까 짐작한다. 기분이 나쁠 때면 뭐든 주워서 던졌다. 손으로 때리는 일도 종종 있었다. 그런 엄마를 믿을 수 없어 독립적인 아이로 살았다. 그럴수록 엄마는 A를 '독한 년'이라며 내몰았다. 그녀를 품에 안고 '괜찮아, 그럴 수 있지' 위로해주는 사람은 없었다.

"힘들었겠어요. 슬프고 원망스럽고."

"그래도 뭐… 엄마를 이해해요."

"엄마를 이해한다고요?"

"네… 몰랐으니까요."

"이해하는데 지금 눈물은 어떤 의미일까요?

"그러게요. 당황스럽게…."

나는 이해한다고 말하면서 도망치는 사람들을 자주 보았다. 지난날을 들추어봤자 골치만 아프고 아무것도 바뀌지 않는다는 걸 알기에 이해한다고 한다. '아프다'고 하지 않고 '이해한다'고 말하고, '슬프다'고 하지 않고 '어쩔 수 없다'고 답한다. 나도 이전에는 사람들이 엄마와 떨어져 사는 가여운 아이의 심정을 위로해주려고 할 때마다 이렇게 말했다.

"엄마를 이해해요. 나 같아도 우리 아빠랑 살지 못했을 것 같거든요. 엄마도 어렸고, 어쩔 수 없는 선택이었겠지요."

이렇게 말하고 나면 사람들은 더 말하지 않았다. 시간이 지나고서야 안 일이지만 그 이해는 진짜가 아니었다. 솔직히 말하자면 그래도 자식을 버리는 말았어야 했다. 나는 엄마가 너무나 필요한 나이 7살이었다. 그러나 그저 이해한다고 덮고 지나가야 덜 상처받는다고 믿었고, 사람들에게 덜 불쌍하게 보인다고 생각했다.

모든 상처를 달래며 살 수는 없다. 어떤 것은 관심을 줘서 키우기보다는 모르는 척 둘 필요가 있고, 시간이 지나면 차차 열이 식어 가라앉는 것들도 있다. 자기회복 시스템이 존재한다. 그러나 상처를 받으면서 상처인 줄 모르거나, 아파도 씩씩한 척 연기를 하거나, 혹은 연기라고 생각하지 못할 만큼 스스로를 속이거나, 눈물의 의미를 애써 모른 척하는 상황이라면 좀 다르다. 슬픔으로부터 탈출하기 위해 바쁘게 살거나, 나약해지기 싫어서 다른 고단함을 불러오는 방식은 장기적으로 문제를 가져온다.

눈물은 내면과의 대화를 건너뛰며 살아온 사람들을 위해 떨어진다. 그 신호마저 모른 척하면 눈물은 정신까지 침투한다. 당신을 깊은 감정의 소용돌이에 빠뜨리거나 무기력하게 만들어 앞으로 한 발짝도 나아갈 수 없을 만큼 주저앉힌다. 그들이 원하는 것은 분명하다. 자신의 존재를 알아달라는 것이다. 눈물을 닦아낼 휴지를 찾는 대신 그대로 비추어줄 거울을 준비해야 한다.

빛과 그림자

요즘 연필 드로잉을 배우고 있는데, 하얀 도화지 안에 대상의 입체감을 옮기는 일이 쉽지 않다. 쩔쩔매는 내게 선생님은 말했다.

"사람들은 종이가 하야니까 연필만으로 대상을 표현해야 할 때 힘들어해요. 그럴 때 그림자가 매우 중요하죠. 한곳을 밝게 하려면, 주변을 어둡게 만들어야 해요. 빛을 드러내려면 어둠을 불러와야 하죠."

우리는 좋은 사람들과 만나고, 평범한 하루를 살고, 가끔 조금 특별한 이벤트를 벌이고, 때론 웃고 울면서 무지개처럼 살고 싶다. 그러나 인생은 하얀 도화지 같고 내게는 검은색 연필 한 자루뿐이어서, 어떻게 그 안에 그려 넣어야 할지 모를 때가 많다.

원하는 빛을 드러내려면 어둠을 불러와야 한다. 당신이 숨겨둔 어둠 말이다. 바쁜 척하면서 창고에 처박아두었거나 도망치며 살아온 그림자를 도화지에 초대하자. 그림자는 빛의 방향에 따라 크고 작게, 진하거나 연하게 나타낼 수 있다.

용기를 내어 조금씩 그림자를 드러내면 알게 된다. 음영이 만들어질수록 그리고자 하는 대상의 윤곽이 명확해지고, 먼 것과 가까운 것의 입체감이 살아난다는 것을. 그림자의 역할은 숨겨진 진실을 밝혀내는 일이다. 긴 터널의 끝에 우리가 정말 원하는 것은 어둠 자체가 아니라, 그것을 통해 드러나는 빛이라는 것을 깨닫게 된다.

눈물이 날 때는 판도라의 상자를 열어야 한다. 괜찮아지기를 바라지만 아직 괜찮지 않은 그 때에 관해서 말이다. '당신이 모른 척 하는 이야기'로 돌아가자. 당신이 어떻게 보일지 고민하지 않게 만드는 사람과 숨겨둔 그 일에 대해서 이야기하면 도움이 된다. 전문가와 상담을 시작해도 좋다. 무엇보다 자신과 진솔한 대화를 나누는 방법을 추천하고 싶다. 일기나 글쓰기 같은 기록의 모든 방식이 그런 것들이다.

무서워하지 말고 그림자를 관찰하세요.

그것은 당신의 잘못이 아닙니다.

그리고 질문하세요.

'도대체 내게 무슨 일이 일어나고 있는 거야?'라고요.

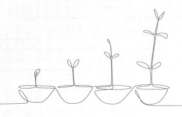

2장

조금씩 다른 선택

시간에 갇힌 사람

사람들과 대화할 때 마음의 건강상태를 짐작하는 몇 가지 기준이 있는데, 그중에 'time zone'이라는 것이 있다. 우리는 과거를 살아왔고 현재를 살고 있으며 미래를 살아갈 것이다. 저마다 이세 개의 시간 차원에 얽혀 있다. 그러나 시간을 운영하는 방식은 사람마다 다르다.

건강한 마음상태를 가진 사람들은 과거, 현재, 미래의 시간에 적절한 배분을 둔다. 비유하자면 시소를 떠올리면 좋겠다. 시소의 왼쪽은 과거, 오른쪽은 미래, 중심은 현재가 맡고 있다. 시소는 양쪽을 오르내리며 리듬을 만든다. 흔들리더라도 오래지 않아 중심을 되찾는다.

삶에 생기가 있는 사람은 과거를 돌아보되 빠져 있지 않다. 순간을 음미하되 취해 있지 않다. 내일을 계획하되 집착하지 않는다. 후회나 미련, 걱정과 혼란스러움 앞에서도 충실한 현재 덕분에 균형이 유지된다.

반대로 어떤 식으로든 삶의 균열을 경험하고 있는 사람은 시간의 차원들이 불균형 상태에 있다. 한쪽에 지나치게 힘이 실린다. 이를테면 과거의 한 시점에서 빠져나오지 못했거나, 무기력하게 현재에 매몰되어 있거나, 앞뒤 돌아볼 여력 없이 미래를 쫓아 내달린다. 물리적인 시간과는 별개로 심리적 고착 현상이 일어나는 것이다.

"내가 왕년에 말이야…."
"내가 지금 이러고 있을 사람이 아니야!"
"그 일만 아니었어도 이 지경까지는 안 됐을 텐데."

마음이 과거에 머물러 있는 사람은 옛일을 회상하는 데 많은 시간을 보낸다. 오늘 일어난 소소한 행복을 거두기보다는 한때 누렸던 화려한 전성기를 그리워한다. 지금 이러고 있을 사람이 아니란 것을, 사실 나는 더 괜찮고 잘난 사람이라는 것을 증명하기 위해 애쓴다.

또 이전의 실수를 곱씹고 곱씹으면서 화를 낸다. '바보같이', '멍

청이같이' 하면서 화살을 자신에게 겨누기도 하고 누군가의 판단
과 선택을 끊임없이 탓한다. 고민한다고 어찌 되돌릴 수 없는 사
건을 두고 오래도록 감정을 소비한다. 같은 구간만 오가는 고장
난 시계처럼 사느라 하루가 지루하고 고단하게 느껴진다.

며칠 전, 동네를 산책하다가 한 중년 남성이 경비 아저씨에게
한껏 목소리를 높이는 장면을 보았다. 한적한 아파트 단지의 풍경
을 뚫고 날카로운 소리가 쩽쩽하게 들렸다.

"내가 누군지 알고 그래? 이러고 사니까 우스워 보여!"

경비 아저씨는 상대적으로 몸을 더 낮추며 이것저것 설명해보
려고 하는 것 같았지만, 그럴수록 남자의 몸짓은 과격해졌다. 누
구누구랑 막역한 사이라며 사람 잘못 봤다고 삿대질을 퍼붓고 돌
아섰다. 경비 아저씨는 "네네 알겠습니다." 하면서 분리수거 통에
있는 폐휴지를 꾹꾹 밟아댔다. 씩씩거리며 들어가는 한 사람의 뒷
모습을 보면서, 얼마나 많은 시간을 자신의 예전 영광을 몰라보는
사람들을 향해 분노할지 생각했다.

"나는 오늘만 살아. 그냥 즐기면 되는 거야."

"계획은 무슨… 그냥 하루하루 살기도 힘들어."

반대로 오늘의 무게에 눌려 헤어나지 못하는 사람도 있다. 나를 힘들게 했던 사람들, 운 나쁘게 놓쳤던 버스와 엘리베이터, 비싸기만 하고 맛이 없었던 점심, 잘난 척하는 동료, 까탈스럽던 고객들에게 불평하면서 하루를 꾸역꾸역 채우는 사람들 말이다. 현재에 매몰된 삶이란, 해결해야 할 문제에 짓눌려 과거를 성찰하지 못하고 내일의 작은 기대를 키우지도 못하는 인생이다. 현재에 고착된 사람들은 아픔에서 배워가는 교훈도, 노력을 통해 채워가는 성장도 비어 있는 시간을 산다는 특징이 있다.

"바쁘다 바빠. 정신이 없네."
"지금 이럴 시간이 없어. 이러다 뒤처지는 거야."

시간이 미래로 채워진 사람들은 현재를 살지 못한다. 새로운 목표와 계획을 세우는 데 바쁘고, 그것을 달성하기 위해 미리 걱정하는 일로 삶을 채운다. 밥을 먹으면서 스마트폰으로 다음 일정을 확인하고, 아이와 있으면서도 회사에 남겨진 일 생각으로 머리가 복잡하다. 더 높은 곳에 도달해도, 많은 돈을 벌어도 어디쯤에서 멈추고 만족해야 할지 모른다.

며칠 전, EBS 방송에서 베트남 소수민족에 관한 영상을 보았다. 경제적으로 열악한 소수민족 아이는 학교에 다니기 위해 30km를 오간다고 했다. 허름한 오토바이로 진흙투성이 길을 달려 산 중턱의 외딴집을 오갔다. 엄마는 아무리 힘들어도 공부 잘하는 아들만큼은 뒷바라지해주겠다고 했고, 아이는 꼭 성공해서 가족을 살리고 지역을 일으키고 싶다고 했다.

앞으로 소년의 시간은 계속 미래를 향해서만 달리게 될 것 같아 안쓰러웠다. 가족의 희생을 담보한 시간이 온전하게 자기 것이기는 어렵기 때문이다. 잠시 쉬어가고 싶어도 '내가 이럴 때가 아니지.' 하게 될 테고, 다른 길을 가고 싶어도 '부모가 나를 어떻게 뒷바라지하는데.' 하면서 현재를 유보하게 될 가능성이 높다.

심리학은 괜찮은 미래를 위해 현재를 저당 잡힌 우리에게 '지금-여기(here and now)'를 살라고 조언한다. 멈추지 못하는 사람들에게 서두르지 말라고 속삭인다. 그러나 삶과 투쟁해온 이들은 그 말을 믿지 못한다. 밀리지 않게 힘을 기르고, 뒤처지지 않게 최대한 높이 올라야 할 것만 같다. 설사 그러는 사이 나 자신을 잃어버리게 되더라도 말이다.

나와 당신은 지금 어디쯤 살고 있을까?

어느 시간의 차원에서 허우적거리며 방황하고 있는 걸까?

내 아버지는 과거를 사는 사람이었다. 술이 얼큰한 날이면 "내가 서울대 법대 세 번 떨어진 사람이야. 재수만 안 했어도 지금처럼 안 됐어."라는 말을 자주 했다. 그 누구도 서울대 법대를 왜 안 나왔냐고 묻지 않았지만, 아빠는 그 말을 멈추지 않았다. 동창회 날 "그런 데 가서 뭐 해. 다 자랑하려고 나오는 거지." 하면서 늦게까지 취해 있을 때, 길거리에서 장사한다고 나를 무시하냐며 깡소주를 마실 때면 어김없었다.

내가 아빠 속을 뒤집어놓을 때면 "나도 아버지만 있었어도 이렇게 안 되었지." 했고, 찬 바람이 부는 가을이 되면 "네 엄마랑 이혼만 안 했어도…" 하며 울었다. 어릴 때는 아빠가 슬퍼 보이는 이유를 잘 몰랐지만 지금 와서 생각해보면, 원하고 바라는 이야기보다는 후회스럽고 원통한 말들을 더 많이 했기 때문이 아닐까 싶다.

다시 일어나기 위해 애썼지만 인생이 뜻대로 되지 않자 더 맥없이 과거로 끌려들어 갔다. 마치 마음에 아주 큰 구멍이 나 있는 사람처럼 채워도 채워도 어떤 허전함 같은 것을 가지고 있었다. 아빠의 삶은 대학 진학에 실패했던 그 때, 친엄마와 이별했던 그 때,

온 집안에 빨간딱지가 붙었던 그 때에 멈추어버린 것 같았다.

미래 시간에 갇힌 사람들 중에는 일종의 '과거 시간의 보상'인 경우가 있다. 깊은 상처가 트라우마처럼 남아서 불안과 강박, 성취지향이나 완벽주의로 이어진 경우 말이다. 성공해야 한다, 무시당해서는 안 된다는 마음에서 벗어나지 못하면 과거에서 멀리 도망치기 위해 미래에 갇힌다. 그게 나였다. 나는 대비하지 않으면 불안한 삶, 한 고비를 넘기고도 쉬지 못하는 일 년, 계획에 작은 차질만 생겨도 잠을 이루지 못하는 밤을 살았다.

미래에 매달려 있을 때는 내가 갇혀 있는 줄 몰랐다. 사람들이 떠나가도, 건강이 무너져도 속도를 멈추기가 어려웠다. 사람들로부터 왜 이렇게 열심히 사느냐는 질문을 자주 받았다. 처음에는 가난에서 벗어나야 하니까, 좋아하는 일이니까 같은 이유가 분명했다. 그러나 언젠가부터 작은 성공 뒤에 거대한 불안함의 그림자를 끌고 다니는 나를 보면서 이곳이 갑갑하고 때론 무섭게 느껴졌다.

옵션 A가 없는 삶에 대하여

《옵션 B》의 저자 셰릴 샌드버그는 이 책에서 상처와 상실, 그리고 그것을 회복하는 힘을 이야기한다. 어린 두 아이의 아버지이자 사랑하는 남편을 잃은 슬픔으로 고통스럽게 울부짖는 그녀에게 한 친구는 이렇게 위로했다.

"옵션 A가 없으니 까짓것 발로 차버리고 옵션 B를 선택하면 돼요."

그녀는 그것을 받아들였다. 남편을 지켜내지 못했다는 슬픔에 빠져 있지 않고, 아이들이 겪게 될 일들을 걱정하는 고통에서 벗어나기 위해 옵션 A를 포기하기로 했다. 친구들의 도움을 기꺼이 받고, 할 수 없는 것들을 솔직하게 말하고, 적극적으로 위로하면서 아버지가 없는 가정의 삶을 만들어갔다. 그리고 그 안에도 새롭고 놀라운 기쁨이 있다고 말한다.

샌드버그가 '옵션 A의 상실은 슬픈 일이지만, 옵션 B가 남아 있다는 것을 기억해야 한다'고 제안했던 것처럼, 남은 차선책을 가지고 얼마든지 행복의 전략을 세울 수 있다. 그러기 위해서는 먼저 우리에게 옵션 A가 없다는 사실을 인정해야 한다. 다정하고 따뜻한 부모님 밑에서 자라지 못했고, 돈의 눈치를 봐왔으며, 남들이 부러워하는 직업을 갖고 있지 않고, 사회가 기대하는 속도를 따라가지 못하고 있음을 '그래, 나 그렇다'고 말하는 거다.

아버지는 옵션 A를 포기하지 않았다. 그래서 과거의 방에서 나오지 못했다. 하지 말았어야 할 이혼에 대해 비난하기를 멈추고, 투자하지 말았어야 할 사업에 대해 한탄하는 것을 그만두어야 했다. 대신 오늘 포기하지 않고 해낸 것, 눈을 감지 않고 발견한 것을 말하는 시간을 늘리는 편이 나았다. 서울대 법대 출신의 변호사가 아니라, 일용직 노동자의 삶을 사는 방법을 배워야 했다.

나는 오랫동안 옵션 A의 부재를 진심으로 받아들이지 못했다. 옵션 B로 사는 처지를 서럽고 안쓰럽게 여겼고, 스스로를 동정의 시선으로 바라보았다. 안 그런 척하기 위해 무리한 노력을 해왔다. 그러나 없으면 없는 대로 남아 있는 살림으로 살뜰하게 꾸려나가는 게 인생이라는 것을 배워간다. 비극적이면서 동시에 다행스러운 이 삶의 원리를 받아들일수록 인생에는 더 다양한 종류의 만족과 사소한 기쁨이 있음을 경험하게 되었다.

만약 당신도 나처럼 시간의 감옥에 갇혀 있다면, 그래서 스스로를 제한하고 살고 있다면 가급적 그곳을 빠져나와 깊게 호흡하며 살 수 있었으면 좋겠다. 당신이 잃어버린 것은 그만 돌아보고 '그래, 나 그렇다'고 외칠 수 있기를. 과거와 현재, 그리고 미지의 시간을 자유롭게 오가면서 몰입과 균형이 주는 인생의 맛을 느껴볼 수 있기를 바란다.

관계의 제1원칙

A는 이메일로 말 그릇이 넉넉하고 깊어져서 누군가를 위로하는 사람이 되고 싶다며 코칭을 신청했다. 두 시간이 넘는 거리를 넘어온 A와 마주 앉았다. 그녀는 어색한 미소를 지으며 줄곧 책상 한곳을 응시했다. 이런 불편함을 견디면서까지 왜 여기에 왔을까?

"말 그릇이 깊어지고 싶다 하셨지요?"

"네, 제가 속이 좁은 거 같아서요. 여유가 좀 있었으면 좋겠어요."

"당신의 내면이 지금보다 넓어져야 할 이유가 있나요?"

"그건⋯ 지금처럼 살면 안 될 것 같아서요. 이렇게 나쁘게 살면 안 될 것 같아서⋯."

"나쁘게 살고 있다고 생각하나 봐요."

"네, 저는 나쁜 사람이거든요."

그녀는 문장을 채우지 못하고 울기 시작했다. 조금 더 사연을 들었다. 어머니는 A가 대학교를 졸업할 때쯤 돌아가셨다. 교통사고였다. 유난스럽기는 했지만 A가 유일하게 믿고 의지하던 사람이었다. 어릴 적부터 몸이 약한 딸을 위해 등하굣길에 마중과 배웅을 빼먹은 적이 없고, 친구와 싸우고 돌아서면 오빠 몰래 제일 좋아하는 간식을 준비해두시곤 했다. 도망치고 싶은 날이면 언제나 품을 내어주던 엄마였다.

반면 아버지와는 어릴 적부터 부녀의 정이 없었다. 다툼이 많았다. 여자는 남자보다 늘 못한 존재로 취급받았다. 오빠는 세상을 향해서 뚜벅뚜벅 걸어 나가는데 자기만 늘 뒤로 물러서는 느낌이었다. 오빠는 되고 A는 안 되는 것이 많았다. 여행도 대학도 이민도 결국 오빠는 뜻대로 했지만, A는 살면서 아버지의 뜻을 거역해서 취한 것이 없었다. 앞에서 좋은 것은 다 챙기고 떠나가 버리면, 남겨진 것 안에서 해결해야 했다.

A는 존재감이 없다고 했다. 아버지는 사람들에게 오빠의 아버지로 불렸지 A의 아버지인 적은 없었다. 아버지는 아들에 대해 묻고 궁금해했으나 딸에게는 그러지 않았다. 오히려 편할 때도 있었지만 무관심은 A를 공허하게 만들었다. 아버지와 오가는 대화는 돈 이야기 말고는 별로 없었다.

아버지는 자녀들 앞에서 어머니를 대놓고 무시했다. 자신은 경제를 책임지는 사람이고, 아내는 기껏 밥순이쯤으로 알았다. 어머니는 억울한 일이 많았지만 큰 소리를 낸 적이 없었다. 오랜 세월 동안 무섭게 적응되어버린 무기력 같았다. 아버지는 자기만의 세계에서 독재자였고, 누구도 아버지의 세상에 허락 없이 발을 들여놓을 수 없었다.

그러던 아버지가 쓰러졌다. 갑작스러운 일이었다. 어머니가 돌아가시고 1년이 채 안 되어 집 근처에서 발견되어 병원에 실려갔다. 하반신의 일부 기능이 마비되었다고 한다. 꾸준히 물리치료를 받으면서 상태는 조금씩 회복되었다. 이제 혼자서 걸을 정도는 되었지만, 병원 가는 일이며 식사 챙기는 일처럼 이전보다 누군가의 도움이 필요한 일이 많아졌다.

A는 모른 척하고 싶었다. 약은 잘 먹고 있는지, 냉장고에 먹을 것은 있는지 살피고 싶지 않았다. 적적하지는 않은지, 답답한 곳은 없는지, 돈이 부족하지 않은지도 묻고 싶지 않았다. 그동안 다정한 말 한마디 꺼낸 적 없고, 따뜻한 손 한 번 건네지 않았으면서 이제 와 늙고 병들었다고 자식에게 당연한 효도를 바라는 눈빛이 진저리 치게 싫다고 했다. 이민 가 있는 그 잘난 아들에게 돌봐달라고 하지 뻔뻔하게 왜 자꾸 연락하느냐고 크게 울었다.

그런데 A의 마음속에는 또 다른 A가 산다. 그 이름은 '도리를 다하는 자식'이라고 불린다. 아버지는 어릴 때부터 자식이 마땅히 해야 할 일들을 가르쳤다. 자식과 부모 사이에 큰 강을 만들어두고 함부로 넘어서면 안 된다는 것을 알려주었다.

그렇게도 싫었는데 부모가 힘주어 남긴 말은 규칙이 된다. 나쁜 짓을 하는 것만 같다. 아버지의 전화를 모른 척할 때마다, 혈육을 욕하고 돌아서면 불안해졌다. '어쩔 수 없어. 나라도 살고 봐야지.' 했다가도 '이렇게 못된 내가', '이토록 나쁜 내가' 하면서 죄책감으로 스스로 숨통을 죄이고 있었다.

사람들을 만나다 보면 A처럼 부모를 향한 죄책감 때문에 괴로운 속사정을 듣는다. 얼마 전 B는 강의가 끝나고 나서 시간을 내어달라며 마주 앉았다. B는 엄마 얼굴을 보는 것조차 고역이라고 했다. 엄마는 어릴 적부터 공부를 못한다고, 많이 먹는다고, 게으르다고, 똑똑한 연애를 못 한다고 딸에게 비수를 꽂았다. 그럴 때면 다른 사람은 다 그렇게 말해도 엄마는 저러면 안 되는 거 아닌가 생각했다.

자라면서 용기 있는 대화라는 것을 시도해보기도 했다. 그만 좀 하시라고, 그런 말에 상처받는다고 말할 때마다 엄마는 도망갈 자리를 찾았다. 부모와 자식 간에 하는 말을 뭐 그렇게 마음에 담아 두냐고 하거나, 걱정돼서 그런 거지 딴 거 있겠느냐고 했다. 딸이 울어도 "네가 아팠구나." 하지 않았다. 이제 뭘 더 해보기에도 엄마는 늙어버렸다.

마흔을 넘긴 딸은 엄마를 찾아갈 때마다 자신을 점검한다. 화장이 잘되었는지, 옷차림은 적절한지 살핀다. 살이 좀 붙으면 한 소리 듣겠구나 각오한다. 그렇게 마음먹고 가도 한 시간이고 두 시간이고 이어지는 잔소리. 엄마는 나이가 들어도 변한 것이 없다. 여전히 이기적이다. 다시는 오지 않을 거라며 문을 쾅 닫고 돌아선다.

그런 일이 있고 나면 이모가 전화해서 죄책감을 부추긴다. 딸은 엄마가 또 무슨 말로 나쁜 자식을 만들었을지 안다. '엄마가 누구 믿고 사는데' 하며 딸을 눌러 앉혀왔다. 그러나 이제는 화가 치밀어오른다. 부모가 도대체 뭐냐고 소리치고 싶어진다. 그러나 동시에 불안하고 무섭다. 도대체 어떻게 생겨먹었길래 이제껏 키워준 부모를 이렇게까지 미워할 수 있는지. 이토록 나쁜 년이었나 새삼 놀란다.

B는 나를 붙잡고 묻는다. 엄마와 한동안 연락을 안 하고 싶은데

그래도 되는 건지, 이제는 엄마의 그림자에서 벗어나고 싶은데 괜찮을지 답을 기다린다.

"그 어떤 관계에서도 제일 중요한 것은 나를 지키는 일이지요. 부모와 자식 간도 마찬가지고요."
"그렇죠? 일단 나를 지키는 게 맞는 거죠?"

B는 믿을 만한 사람에게 그 한마디를 기다려온 사람처럼 굵은 눈물을 흘렸다. 그런 눈을 들여다볼 때마다 나는 '믿어도 좋다'고 꾹꾹 눌러 말하는 편이다. 눈물을 훔쳐내느라 바쁜 손을 힘주어 잡는다. 자식이 부모를 미워하는 것 역시 아주 자연스러운 감정임을 알려주면 큰 위로가 된다는 것을 알기에 그렇다.

모든 관계의 제1원칙은 자기보호이다. 상대가 계속 주먹을 휘두르고 있는데 '그래도 자식인데…' 하면서 물러서지 않으면 상처만 깊어진다. 관계에서는 가까이 다가가야 잘 보이는 문제가 있고, 떨어져야 명확해지는 것이 있다. 특히 부모와 자식 간의 감정의 응어리는 오랜 시간 동안 가족이라는 이름으로 경계가 모호해져버린 채 살면서 만들어진 것들이 많다. 참고 견디며 의무를 다하느라 남보다 못한 사이가 되어버린다. 그럴 때는 서로의 팔을

뻗어도 닿지 않을 정도의 거리를 두고 건강한 테두리를 그리는 것이 먼저다.

A에게 자신을 지키기 위해 하고 싶은 것이 무엇인지 물었다. 그녀는 아버지에게 3개월 동안 연락을 하지 않겠다고 했다. 무거운 바위처럼 짓누르는 당위적인 감정을 내려놓고, 우선 자기회복에 집중하기로 마음먹었다. 상담을 지속했고 운동을 시작했으며 가끔 쇼핑도 했다. 월급을 받으면 병원비, 부모 용돈, 대출금을 먼저 챙겼지만 이번에는 자신을 위해 돈과 시간을 사용했다.

간간히 다른 A가 귓속말을 해댔다. 그런 날이면 많이 울고 갔다. 아버지가 또 쓰러지면 어쩌나 하는 불안감이 몰려왔다. 하지만 그런 일은 일어나지 않았다. 아버지가 딸을 원망하는 문자를 남겨두었지만, 답장할 수 있는 것은 하고 하고 싶지 않은 것은 응하지 않았다. 그렇게 3개월이 지난 후에 물었다.

"3개월의 시간은 당신에게 어떤 의미였나요?"

"미워할 수 있는 자유를 얻은 것 같아요. 그리고 마음껏 미워하면서 깨달은 것은 내가 얼마나 사랑받고 싶었는지였어요."

"그래요, 당신은 사랑받고 싶은 딸이었지요."

"네, 더는 저를 나쁜 사람이라 부르지 않을 거예요. 그저 사랑받고 싶은 사람이니까요."

주말에 아버지를 보러 내려가겠다고도 했다. 딸의 마음이 공감과 위로로 차고 나서야 아버지의 냉장고 안을 채우고 싶어졌다. 나는 다시 마주했을 때 힘든 감정이 올라오면 어떡하겠냐고 물었다. A는 고무줄이라고 생각하겠다고 답했다. 늘였다 줄였다 하면서 관계를 위한 최적의 거리를 유지하겠다고 했다.

우리는 자기 마음을 상대에게 투사하며 산다. 따뜻한 것으로 채워져 있으면 상대에게도 같은 것을 주고, 반대도 마찬가지다. 도망치고 싶은 관계에 놓여 있다면 버티는 것이 최선은 아니다. 작전 타임을 외치고 당신의 마음을 채우는 일이 먼저라고 말해주고 싶다. 스스로를 꾸짖지 말고 물러서도 괜찮다.

당연히 그럴 수 있다

죄책감으로 괴롭던 때가 있었다. 그날 그 사건 이후로 그랬다. 강의가 있는 날이었다. 능숙하게 짐을 한가득 챙겨서 방문을 열고 나왔다. 뭐지? 거실 한쪽에 아빠가 쓰러져 있었다. 안방 불이 꺼진 채 조용하길래 지난 밤 그 난리를 치고 늦게까지 자는구나 싶었는데. 눈에서 벌겋게 술이 찬 얼굴을 보고 싶지 않아서 방문도 열어보지 않았는데. 누구 없냐고 부르는 소리 한마디 없이 쓰러져 있었다.

아빠의 몸에서 피가 잔뜩 흘러나왔다. 시작이 어딘지 알 수 없는 피가 옷을 흠뻑 적시고 길을 따라 흩어져 있었다. 여러 해 동안 하루도 술을 건너뛴 날이 없는 아빠지만 처음 보는 광경이었다.

울지 않았다. 정말 놀라면 아무것도 할 수가 없다는 말은 진짜였다. 그저 양손에 든 묵직한 노트북과 가방을 내려놓고 주저앉아서 비현실적으로 느껴지는 광경을 멍하니 바라보았다. 몇 걸음 앞에 아빠를 두고 나는 머릿속으로 시간을 세어보았다.

약속된 강의에 가야 한다. 그래야 돈이 들어오고 지하실의 월세를 채울 수 있다. 무서운 책임감이 나에게 있다. 그런데 아빠는 저 지경이 되어 누워 있다. "다시는 술 안 마실 거야. 정말이야." 어차피 그 말을 믿지 않았다.

알코올중독 아버지. 황달에 복수가 차서 병원 응급실에 실려갔다가 입원하고 퇴원하기를 벌써 몇 번인가. 그때마다 나는 낭떠러지로 떨어져 출발선으로 되돌아가야 했다. 계산서 앞에서 뒤로 물러서고, 누군가의 마음을 모른 척하면서 치사하고 궁상맞게 모은 적금을 깨고, 그것을 엄마에게 넘겨줄 때마다 도망치고 싶었다. "그래도 어떡하니, 너밖에 없는데." 하는 말 앞에서 항상 이게 마지막이다 결심했다. 끝도 없이 반복되는 고통의 굴레. 아무리 열심히 살아도 제로에 세팅되어 있는, 달라지지 않는 인생이 지겨웠다.

아빠와 술, 그 지독한 관계는 언제부터일까. 사람을 속이거나 칼로 찔러 흉터를 내는 것 말고도, 돈이 없어도 큰집에 다녀와야 한다는 그 일이 있던 후부터일까. 아니지, 토스트며 떡볶이를 판다며 길거리 장사를 시작하면서부터였나. 그래, 그때부터 그랬던 것 같다. 맨정신에 노점상을 꾸릴 수 없어서 술을 마셨다고 했다. 술 한잔 들이키고 나면, 목소리에 힘이 생기고 부끄러움 같은 것이 사라져버렸다고. 단속이 뜨는 날 든든한 나라밥 먹는 사람들과 한 대거리 해대려면 술을 등에 업어야 한다고. 새벽같이 쌩한 소주 한 컵 들이키고 천막을 치고 리어카를 세팅한다. 아침 장사가 끝나면 안도감에 또 한 컵, 어느 날은 살이 떨리는 추위를 이기려고 한 컵, 그렇게 정당한 이유를 붙여가면서 아빠는 술을 마시기 시작했다.

그때 아주 잠깐 '이대로 나가 버리면 어떻게 될까?' 하고 물었다. 슬픔만 먹고 살던, 내 안의 이성을 잃어버린 짐승이 속삭였다. 희망을 지켜내던 맞은편의 나는 그 말이 무서웠다. 아빠를 꼭 닮은 얼굴을 하고 못된 생각을 하는 내가 징그러웠다. 하지만 분명 그것도 나였다.

겨우 다시 정신을 차렸다. 119에 전화를 했다. 기다리는 사이 엄마에게 전화를 했다. "나 강의 가야 하는데…." 버릇처럼 짜증을 토해내는 딸에게 엄마는 절에서 기도 중이라 지금 출발해도 두어 시간은 걸리는데 어쩌냐며 애달파 한다. 작은아빠에게 전화를 걸어보라고 한다.

누군가가 나를 구해줄 때까지 피를 쓸어 담았다. 수건으로 아빠의 몸을 닦기 시작했다. 살과 살이 만나자 갑자기 얼어붙은 가슴을 뚫고 눈물이 솟구쳤다. 붉은 피로 흥건한 거실 바닥이 내 삶 같아서 눈물이 멈추질 않았다. 차려입은 핑크빛 원피스가 피로 물들었다. 가족은 구덩이에서 기어 올라가려고 발버둥치는 딸을 자꾸만 끌어당기는 존재같이 느껴졌다.

119 구조대원과 작은아빠에게 아빠를 넘긴 후, 옷을 갈아입고 강의를 하러 갔다. 쉬는 시간에 아빠는 어떠냐며 전화를 했다. 병원에서 응급처치를 하고 집에 왔다니 가슴을 쓸어내렸다. 다행스럽다는 마음만은 아니다. 혹여 내 안의 짐승이 뱉은 말대로 될까봐 두려웠고, 입원해서 또 큰돈이 들까 봐 걱정되었다.

그날 일은 마치 없는 하루처럼 지나갔다. 혼자서 얼마나 놀랐냐고 도닥여준 사람은 없었다. 이렇게 아빠가 죽으면 편해질지도 모른다고 생각했던 나에게 '나쁜 것. 아빠가 너를 어떻게 키웠는데. 이 배은망덕 한 것'이라고 누군가 자꾸 말하는 것 같았다.

아빠가 돌아가신 후 심리상담을 시작했을 때, 상담사에게 이 말을 해야 하나 말아야 하나 주저했다. 모른 척하면 덤덤히 지나갈 수 있을 것 같기도 했고, 말로 뱉는 순간 정말 나쁜 년이 될까 두려웠다. 그럴 수밖에 없음을 알아줄 사람이 있을 것 같지 않았다. 힘겹게 말을 이어가는 나에게 상담사는 말했다.

"당연히 그럴 수 있지요. 당신은 부모를 미워해도 되지요. 누구나 그렇죠."

이 말은 나를 구해냈다. 주체할 수 없이 눈물이 흘러내렸다. 저만 그런 거 아니죠? 정말 그래도 되지요? 집에 돌아오는 길에 생각했다. 앞으로 누군가가 나에게 이런 질문을 한다면, 미워하는 일만으로도 벅찬데 그런 자신을 탓하고 증오하느라 웅크린 사람을 보면 '당연히 그럴 수 있다'고 말해주겠다고. 먼저 내 앞의 사람을 살리고 보겠다고 중얼거렸다.

정신건강의학과 의사 정혜신 박사의 책 《당신이 옳다》에서 본 에피소드가 떠오른다. 초등학생 아들을 둔 엄마가 학교 선생님에게 아들이 친구들을 때렸다는 전화를 받았다. 집에 돌아와 잘못했다고 말하는 아이를 보며, 아이가 이렇게 나오는데 잔소리는 더 안 해도 되겠다 싶었다. "앞으로 조심해. 잘못한 거 알면 되었다." 하면서 돌려보냈다. 그렇게 문제가 해결된 듯 돌아서는 엄마를 향해 아들은 말한다.

"엄마는 그러면 안 되지. 내가 왜 그랬는지 물어봐야지. 선생님도 혼내서 얼마나 속상한데 엄마는 나를 위로해줘야지. 그 애가 먼저 나에게 시비를 걸었고, 내가 얼마나 참다가 때렸는데. 엄마도 나보고 잘못했다고 하면 안 되지."

저자는 말한다. 감정은 옳고 그름이 없다. 모든 감정에는 이유가 있고, 모든 감정은 옳다. 친구를 때린 아이의 마음도 옳고, 누군가를 죽여버리고 싶을 만큼 미워한 마음도 옳다. 우리가 먼저 해야 할 일은 심판하는 것이 아니라, 어쩌다 그런 마음까지 다다르게 되었는지 자기 안을 먼저 살피는 것이다.

부모와 자식 간의 관계란 수많은 색의 실이 엉켜 있는 실타래와 같다. 빨간색 위에 검은색이 지나고 그사이를 흰색과 파란색이 오가는 방식이어서 어디가 시작이고 끝인지 모른다. 수십 년간 촘촘하게 교차하며 엉켜 있기에 하나씩 풀어내면서 정리하기가 어렵고, 어떤 색이라고 이름 붙이기도 난해하다.

상처를 품고 자란 자식의 마음에도 같은 일이 벌어진다. 그 복잡한 실타래 안에는 상처받은 과거와 함께 아직 치유되지 못한 증오와 경멸이 산다. 동시에 사랑받기 원하는 애처로운 마음과 포기하지 못한 기대가 있다. 그래서 죽을 만큼 미워했다가 끔찍하게 그리워지고, 징그럽게 혐오했다가도 몸서리치게 애틋해진다.

이를테면 검은색. 부모를 향한 극한의 증오를 인정할 수가 없었다. 누가 주입했든, 책에서 배웠든 자식이 부모를 미워하고 분노를 겨누는 것이 부도덕한 일처럼 느껴졌다. 몹쓸 감정으로 취급했다. 어쩌다 그런 마음까지 품었는지 먼저 헤아려주지 못했다.

그러나 하나의 실타래로 받아들이자 안심이 되었다. 미워할 수 없으면 사랑할 수도 없다. 바람이 어긋날수록 슬픔과 분노는 깊어질 수밖에 없는 운명이다. 부모를 원망할 자유가 있다는 것을 알고 나니까 아빠를 사랑했던 기억들도 함께 떠올랐다. 감정을 억누르지 않으니 오히려 고마움과 그리움이 죽지 않고 살아났다.

나는 지금도 남편이 뜬금없이 사랑을 고백할 때, 아이들이 목욕실에서 깔깔 웃는 소리를 들을 때, 남들에게 따뜻한 대접을 받고 더 좋은 곳으로 이사를 할 때면 아빠 생각이 난다. 세상의 어두운 것들만 보고 떠난 그에게 미안해질 때가 있는데, 그럴 때면 실타래를 떠올린다.

"아빠, 오늘 같은 날은 미안한 마음이 들어요. 그때 내가 조금 달랐다면 어땠을까, 이런 행복 혼자 누려도 될까 싶어서요. 하지만 오래 미안해하지는 않을 거예요.

아빠는 내게 상처와 사랑을 함께 주었고, 나는 아빠를 미워하고 동시에 사랑했지요. 이제 그것을 알아요. 나는 그것을 받아들여요. 그래서 오늘의 행복도 기꺼이 실타래에 담아둘 거예요. 돌아오는 생일에 아빠가 좋아하는 꽃 가지고 갈게요."

나는 당신이 얼마나 참다가 그랬는지, 오죽했으면 그랬는지 안다. 당신은 보살핌이 필요했고, 위로를 갈구했으며, 사과를 기다렸다. 오랜 시간 동안 욕구의 결핍에 노출된 사람은 그런 심정에 다다를 수밖에 없다. 그 지옥 같은 마음을 헤아리고 싶다.

죄책감은 어떤 상황에서도 부모를 사랑하고 존경해야 한다는 환상적 신념, 자식에게 적합한 감정이 따로 있다는 잘못된 생각에서 출발한다. 그런 것은 없다. 모든 감정은 타당하고 정당하다. 우리에게는 질투하고 미워하고 분노할 정당한 권리가 있다. 그것이 부모, 가족일지라도 말이다.

뿌리가 드러난 나무

A는 사람들과의 관계가 버겁다며 찾아왔다. 주변의 작은 피드백에도 크게 상처받고, 남들은 그냥 넘어가는 실수 하나에도 불안해하며 극단으로 몰아붙이는 자신이 싫다고 말했다. 마음이 편안해졌으면, 사람들을 신경 쓰지 않았으면 좋겠다고 했다.

"그렇게 느끼는 구체적인 에피소드를 소개해주겠어요?"

A는 친구들과 점심을 먹고 소소한 수다를 나누고 있었다. 그중 한 친구가 대화에 참여하지 않고 아까부터 표정이 안 좋아 보였다. '왜 그러지? 내가 뭐 실수했나?'라는 생각이 들었다. 나는 그렇게 생각할 만한 근거가 있느냐고 물었지만 딱히 그렇지는 않다고 했다. 비슷한 상황이 오면 자동적으로 '나 때문은 아닐까?' 생각하게 된다는 것이다.

한번 그런 생각이 들면 멈추기가 어렵다. 집에 돌아와 친구에게 문자를 보낸다. '아까 점심 먹을 때 혹시 기분 나쁜 일 있었어?' 하지만 친구는 '내가 그랬어? ㅋㅋㅋ' 하거나 배불러서 그랬나 보다는 심드렁한 답을 보낸다. 그럴 때면 자신이 한없이 우스워진다. '도대체 왜 이러지?' 싶지만 바꾸기가 어렵다.

또 다른 사람들의 의견에 암묵적으로 동조할 뿐 자기주장을 할 수 없었다. 굳이 이런 이야기를 해서 불편하게 만들지 말자는 생각이, 말해야 할 장면에서 물러나게 했다. '불편해도 말을 해야 했어.'라는 후회는 자기기만으로 이어졌고 자기 의심을 키웠다. "나는 참 별로예요."라는 고백은 공허한 내면을 울려댔다. A는 자신감이 많이 떨어져 있었다.

우리는 타인의 시선을 지나치게 내재화하고 과도한 밀착현상을 보이는 이유를 찾기 위해 과거를 두리번거렸다. 그러다 '인생의 초기기억'에 대한 이야기에서 길게 멈추어 섰다.

사람마다 어릴 적 경험들 중에서 유난히 마음에 새겨둔 장면이 있다. 어떤 사람은 유치원 다닐 때 친구들 앞에서 선생님한테 크게 혼났던 일을 떠올린다. 그때 선생님이 어떤 옷을 입었는지, 목소리는 어땠는지, 자신에게 뭐라고 말했는지까지 세밀하게 기억한다. 또 누구는 초등학생 때 엄마가 직접 손으로 떠준 스웨터를 기억한다. 색깔과 무늬를 그려내듯 설명하면서 그 옷을 입고 학교에 갔을 때 친구들이 촌스럽다고 놀렸고, 그래서 엄마에게 입기 싫다고 투정 부렸던 일을 마치 어제 일처럼 말한다.

오늘 먹은 점심도 잘 기억하지 못하면서 수십 년 전의 기억을 그리듯이 떠올리는 이유는, 그것이 하나의 정보를 넘어 각인될 만한 강렬한 감정과 함께 저장되었기 때문이다.

한 사람의 과거를 다룰 때, 그때 그 일이 지금의 당신을 만들었다고 인과관계를 짓기는 어렵다. 다만 어떤 사건은 인생에서 반복 재생되는 현상에 대한 실마리를 찾아가는 데 도움이 된다. 어째서 저 사람은 누군가의 작은 비난에도 무너지는지, 왜 그토록 오랜 그리움에 빠져 있는지를 짐작하게 해준다.

나는 A에게 말했다.

"당신은 몇 살부터 기억이 나요? 당신이 기억하는 최초의 사건, 또는 어릴 적 사건 중에서 기억에 강하게 남아 있는 이야기를 해주겠어요?"

A는 답했다. 초등학교 1, 2학년 때쯤인가 학교에서 돌아와 보니 거실에 짐꾸러미가 쌓여 있었다. 아이의 가방, 옷가지, 신발 같은

살림이었다. 엄마는 어디 있는지 보이지 않았고, 아빠는 창고에서
분주한 소리를 내며 일을 하고 있었다. A는 "아빠, 나 어디 가?" 하
고 물었지만 누구도 답이 없었다. 그러나 아이는 자신이 할머니네
집에 가게 될 것을 알았다고 했다. 한동안 그곳에 나를 맡기러 간
다는 것을 짐작하고 있었다.

"그때 아이는 어떤 마음이었을까요?"
"아무도 나에게 관심이 없다고 생각했어요."
"아이가 가장 힘들었던 것은 무엇일까요?"
"할머니네 가서 영영 돌아오지 못할까 봐, 엄마 아빠랑 같이 살
지 못할까 봐 불안해요."
"그런 생각은 아이에게 어떤 영향을 미쳤을까요?"
"내가 잘못이라는 생각… 문제라는 생각이요."
"그 말을 하면서 지금 마음이 어때요?"
"너무 안쓰러워요. 저는 정서적 고아예요, 고아."

그녀의 아빠는 생활력이 강한 사람이었다. 애초부터 넉넉하지
않은 살림이었지만 어떻게든 일을 해서 가족의 생계를 책임졌다.
A에게 아빠는 고마운 사람이지만 친밀한 사람은 아니었다.

엄마는 자주 우울한 기분에 휩싸여 있었다. 집에서 벗어나고 싶어서 일찍 결혼을 했지만, 바쁘고 무뚝뚝한 남편과의 결혼생활이 쉽지 않았다. 할아버지를 피해서 도망쳐왔는데, 같은 얼굴을 보는 것이 숨이 막힌다고 했다. 엄마는 외로워했고 견딜 수 없을 때는 집을 자주 비웠다. 그럴 때마다 A는 엄마를 위해 무엇을 해야 하나 생각했다.

나는 A에게 다음 세 개의 문장을 완성해보자고 했다.

그때의 나는 _____ 이다.
그때의 다른 사람들은 _____ 이다.
그래서 세상은 _____ 이다.

A는 몇 번을 지우고 쓰기를 반복하더니 종이를 다시 내밀었다.

그때의 나는 늘 불안했다.
그때의 다른 사람들은 나에게 관심이 없었다.
그래서 세상은 외롭고 무서운 곳이다.

A는 문장을 마치고 지난 시간보다 더 오래 울었다. 자신은 '뿌

리가 다 드러난 나무'라고 했다. 한 번도 깊게 뿌리박힌 적이 없어서 편히 쉬지를 못한다고 말했다. 앞으로 어떤 나무가 되고 싶으냐고 묻자 깊은 뿌리를 가진 나무, 거기에 멋진 울타리까지 있으면 좋겠다고 했다.

깊게 박힌 뿌리는 기본적인 신뢰감(Trust Basic)을 의미한다. 아기가 세상에 태어나면 최초의 과제가 주어진다. '이 세상이 믿을 만한 곳인가? 나를 돌봐주는 저 사람을 믿어도 좋은가?'에 대한 답을 찾는 일이다.

양육자가 아기의 기저귀를 살펴보고 불편함을 느낄 것 같으면 새것으로 갈아준다. 배가 고플 때마다 민감하게 알아차리고 목 넘김이 좋은 음식을 준다. 아무것도 하지 못하는 자신을 안고 입 맞추고 쓰다듬는다. 그런 애정과 관심을 지속해서 경험하면 아기는 '이제 첫 번째 질문에 답을 할 수 있겠군. 이 세상은 꽤 믿을 만해.'라는 결론을 내린다. 그 해석을 기반으로 '나도 꽤 쓸만하고 믿을 만하다'고 느낀다. 미치게 억울할 일은, 이 시기에 형성된 기본적 신뢰감이 오래도록 영향을 미친다는 것이다.

올해 세 살 된 둘째 아들은 부쩍 호기심이 왕성해졌다. 더 높은 곳에 올라가서 뛰어내리고, 무서워하던 동물에게도 망설임 없이 손을 뻗는다. 걷는 것이 시시한지 마구 달리고, 하지 말라고 하면 넘어서고 싶어 한다. 그렇게 낯선 세계를 향해 전진한다.

그러다 아이는 꼭 한 번씩 뒤를 돌아보며 엄마 아빠를 찾는다. 그럴 때 아이를 향해 환하게 웃으면 마치 '좋아, 그럼 더 가볼게' 하듯이 앞으로 나아간다. 뒤뚱뒤뚱하는 뒷모습에는 두려움이 없다. 간혹 큰 개를 만나 깜짝 놀라면 허우적거리며 달려와 품에 안긴다. 충전을 마치면 다시 고개를 내밀어 나갈 채비를 한다.

나는 돌아갈 곳이 있다.
나를 기다려주는 사람이 있다.

이런 믿음이 있는 사람은 더 가볍게 앞으로 나아갈 수 있다. 자기다운 선택을 하는 데 눈치를 덜 보기 때문에 걸음마다 뒤를 초조해하지 않는다. 넘어져도 길게 울지 않고, 필요 이상으로 넘어져 있지도 않다. 믿는 구석이 있는 사람은 사람들에게 거부당할까 봐 걱정하는 데 시간을 덜 소모하고, 불안함을 메꾸기 위해서가 아니라 즐거움을 더하기 위해 관계를 유지한다.

코칭의 중반쯤에 이르자 A는 말했다.

"여전히 엄마 아빠에게 어릴 적에 가졌던 기대를 품고 있다는 것을 알게 되었어요. 관심이 저 자신이 아니라 부모에게 있다는 것을 깨달았죠. 이제는 기댈 곳을 찾기 전에 혼자 서는 방법을 배우겠어요."

A는 앞으로 불안함과 더불어 사는 방법을 찾기로 했다. 불안을 피하기 위해 뒤로 숨는 것이 아니라, 그럼에도 불구하고 앞으로 나아가는 사람이 되는 연습을 시작하기로 말이다. 그리고 지난번에 깊은 뿌리를 가진 사람이 되고 싶다고 했는데 그 말을 정정하고 싶다고 했다.

"뿌리가 드러나도 괜찮다는 것을 아는 나무이고 싶어요. 생각해 보니, 그럼에도 불구하고 나는 잘 컸더라고요. 대견한 구석이 많아요. 이제 그것을 좀 더 봐야겠어요."

우리는 잠시 어릴 적에 TV에서 보았던 서커스 공연을 이야기했다. 화려한 옷을 입고 나온 사람이 긴 막대에 수많은 접시를 올려 입으로 돌리고 몸 이곳저곳에 대어 뱅뱅 돌리면서 균형을 잡는다. 사람들은 언제 떨어질지 모르는 아슬아슬한 묘기에 탄성을 지른다. 저 사람은 불안한 상태를 극복하기 위해 얼마나 많은 훈련을 했을까?

막대 위의 접시는 불안하다. 순간의 집중을 잃으면 깨지고 부서진다. 그러나 막대를 쥔 사람은 연습을 통해서 불안함을 버텨나갈 수 있다. 처음에는 수없이 많은 접시가 버려지겠지만, 그래서 다치는 일도 있겠지만 점차 균형을 맞추는 요령을 터득하게 될 것이다. 성공과 실패를 거듭하면서 자신만의 방식을 찾아갈 것이다.

이것이 우리가 결핍과 불안에 대하여 할 수 있는 최선의 대처가 아닐까 생각한다. 관계를 다시 들어올려야 할 때, 불안함 자체를 노려보지 말고 그것을 견뎌낼 수 있는 사람이 되는 데 시선을 두는 것 말이다.

불안함은 극복이 아니라 조절의 대상에 가깝다. 마음의 근력을 단련하고, 생각을 말랑하게 하며, 시선을 넓게 가질수록 세가 약해진다. 당신은 불안함을 가졌지만 동시에 그것을 다룰 수 있는 능력과 의지도 있다는 것을 기억하기 바란다.

파도에 휘청대지 않는 섬이 되려면

나는 불안이 많은 사람이다. 기질 탓이든, 불안정한 어린 시절 때문이든 그런 성질을 지녔다. 며칠 전 회사 직원은 나에게 감정의 동요가 없고 평화로워 보인다고 말했지만, 그것은 훈련된 대처 능력일 뿐 여전히 허약한 심연을 출렁이게 만드는 존재가 산다.

특히 어린 시절에는 불안함이 연애를 통해 적나라하게 드러났다. 사적인 경계를 넘어선 관계는 자신에 대해 많은 것을 말해준다. 평소에는 교묘하게 잘도 웅크려두었던 얼굴을 들어올린다. 친구관계나 학교생활, 사회적으로 기능하는 모임에서는 그다지 작동하지 않다가도 '너 하나만큼은'의 관계에 들어서면 여지없이 얕은 뿌리가 드러난다.

첫 연애, 진짜 연애라 할 만한 것을 대학교 1학년 때 처음 해봤다. 재수해서 들어왔다는 같은 과 과대였다. 우물쭈물하지 않고 앞장서 척척 일을 해결해나가는 모습이 좋았다. 3개월 만에 연애를 시작했고, 그는 기대대로 든든한 보디가드 역할을 했다. 무거운 책가방뿐만 아니라, 버거운 마음의 짐도 대신 짊어주었다.

같이 듣는 전공수업에서 자신은 B학점을 받아도 여자친구의 A에 기뻐하던 사람, 시험을 끝내고 나오면 겨울에는 따뜻한 캔커피를, 여름에는 시원한 탄산음료를 들고 서 있는 사람, 날씨보다 여자친구의 기분을 살피는 사람이었다. 꼬투리를 잡아 비틀어도 아프다 하기 전에 내 마음이 괜찮냐고 물었다. 습습한 마음이 들어찰 새도 없이 힘이 센 사랑이 무엇인지 보여주었다. 그는 아빠보다 더 아빠처럼 나를 품에 안고 도닥였다.

2년 후, 그가 군대에 가게 되었을 때 나는 세상이 무너질 듯 울었다. "그렇게 우는 애치고 기다리는 애 없더라." 남자친구의 어머니가 이런 말씀을 하셨다는데, 그가 군대에 간 지 3개월 후 눈물을 닦아줄 다른 남자에게 고무신을 고쳐 신고 갔다.

새로운 남자는 같은 역할을 이어받았다. 그 역시 빈틈없는 애정을 달라고 요구받았다. 사랑을 저울 위에 올려놓고 수시로 질량을 재면서 조금만 못 미쳐도 비난하고, 원하는 것을 주지 않으면 떠나버리겠다고 겁을 주었다.

남자들은 결국 시험에 굴복해서 떨어져 나갔다. 도도하고 새침한 매력에 다가왔다가 애정에 매달리는 시시한 여자를 보며 당황스럽게 물러갔다. 신뢰하기 위해 의심하는 여자를 견디지 못했다. 친구들 말대로 연애에서만큼은 헛똑똑이였다.

나쁜 남자를 만나보기도 했다. 지폐에 달린 동그라미를 세느라 사람의 마음에는 관심이 없는 사람, 습관적으로 바람을 피우는 사람, 명문대 졸업장과 화려한 직업을 내미는 사람. 그들 앞에서 쿨하거나 때론 너그러운 여자인 척해보기도 했지만 오래 할 수 있는 것이 못 되었다. 출렁이는 배 위에 있는 한 어떤 연애도 버티지 못하고 전복되었다.

제각각이던 연애들을 한 줄로 세워놓고 보면 알게 된다. 나는 먹어도 먹어도 허기졌던 사람의 온기를 남자의 사랑으로 보상받고 싶었다. 아빠 앞에서는 철든 딸로 사느라 어리광 한 번 부리지 못한 걸 마음껏 해보고 싶었다.

때론 사랑을 휘두르는 재미를 맛보기도 했다. 비위를 맞추기 위해 노력하는 남자를 보면서 묘한 쾌감이 있었다. 자신을 버려가며 다가오는 사람 앞에서 이상한 승리감을 느꼈다. 그러나 과장된 자기애와 도취감은 허공에 지은 집처럼 작은 바람에도 부서지고 무너졌다.

한 번도 육지를 밟아보지 못하고 망망대해를 표류하는 심정이었다. 언제 덮칠지 모르는 거친 파도가 무서워서 곧 침몰할 것 같은 작은 쪽배에 올라탔다. 같이 있으면 덜 외로울 것 같았지만, 불안함을 만들지 않는 관계는 오히려 공허했다. 사랑받고 있다고 느끼는 날에는 파도가 잠잠해졌다가도 다음 날이면 세상으로부터 버려진 사람처럼 비참했다.

부족했던 사랑을 되찾기 위해 노력하는 일은 부질없는 짓이라고 아무리 설득해도 소용이 없었다. 평일에는 나이스한 사람처럼 일하고 동료들과 대화를 나누다가도, 주말이 되면 누가 봐도 찌질한 남자 앞에서 최대한 사랑스러운 여자가 되기 위해 숨을 고른다.

정신과 의사이기도 한 문요한 작가는 자신의 책《관계를 읽는 시간》에서 관계의 문제를 반복하는 사람들은 바운더리, 즉 사람과 사람 간의 경계의 문제를 해결해야 한다고 제안한다. 너무 붙어 있지도 떨어져 있지도 않은 건강한 분화가 필요하다면서, 그러기 위해서는 '자기 세계'를 만들어야 한다고 말이다.

"건강한 바운더리의 핵심은 거리 조절을 잘하는 것도 아니고 '싫어요', '아니요'를 잘 표현하는 것도 아니다. 우리는 방어하기 위해서가 아니라 서로 연결하기 위해 관계를 맺기 때문이다. 건강한 바운더리의 핵심은 서로 협력하고 친밀함을 나누는 상호관계를 만들어가는 데 있다. 이를 위해 꼭 필요한 것은 자기 세계다."

자기 세계란 자신만의 섬을 가지는 것을 말한다. 타인의 생각, 느낌, 욕구에 맞추어 살지 않고 나의 것을 기반으로 지어진 세계를 가지는 것이다. 섬이 없이 떠도는 사람들은 존재의 불안함을 타인에게 옮기고 상대를 통해 불안함을 채우려 든다. 그러나 결국 섬을 침범한 이방인 취급을 받고, 또 다른 섬을 찾아 헤매는 신세가 된다.

나는 '가여운 꼬마소녀'라는 배역을 그만두어야 한다는 것을 깨달았다. 누군가 불쌍하게 여겨서 구원해주리라는 착각을 버려야 했다. 불안정한 연애를 끝내기로 했다. 사람을 채워 불안함을 해결하는 대신, 나의 섬을 만들기 위한 설계도부터 다시 그리겠다고 다짐했다.

자기 세계가 무엇으로 구성되어 있는지를 알기 위해 책을 읽고 공부를 시작했다. 심리학, 인문학의 줄기를 따라가면서 나 자신과 내게 일어난 일들을 이해하기 위해 애썼다. 오늘 일어난 생각, 감정, 행동이 내 것인지 물었고 얻은 깨달음을 수시로 기록했다.

융은 "개인의 성장은 통찰력, 인내력, 행동 세 가지 요소로 이루어지고, 이 중 심리학에 필요한 부분은 통찰력뿐, 인내력과 행동은 개인의 정신력에서 중요한 역할을 한다."고 했다. 조금씩 나의 취미, 강점, 욕구, 목표, 꿈, 행복에 대하여 생각하고 말하는 시간을 늘려갔다. 이루고 싶은 목표를 세우고 행동으로 옮겼다. '저 남자가 평생 사랑해줄까?'를 묻는 대신 일기장에 '3년 후에 원하는 삶은 무엇인가?'라고 적었다. 매력적인 여자가 되기 위해 거울 앞에 서는 대신, 오늘 계획한 나와의 약속을 지키기 위해 시간을 썼다.

나에 대해 지독하게 파고드는 일은 고독했다. 사람들의 시선에 반응하던 사람이 내면의 신호에 집중하기란 쉽지 않았다. 글을 쓰고, 산책을 하고, 질문에 답을 찾으면서 감각을 찾아갔다. 혼자가 익숙한 환경은 이럴 때 힘을 발휘했다.

신기한 일은 조금씩 작은 섬의 형태를 갖추자 내게로 오는 사람들이 이전의 사람들과 달랐다는 점이다. 파도에 휘청거리지 않는 큰 배들로 바뀌었고, 자기 세계를 가진 사람들은 함부로 나의 영역을 침범하려 들지 않았다. 예전의 불안정한 쪽배들은 섬까지 도달하지 못했다.

이제 나는 사람을 믿는다. 사랑을 주는 기쁨을 안다. 한결같은 남자와 결혼한 후 더 이상 불완전한 애정을 채워줄 남자를 찾아다니지 않아도 되었고, 사랑스러운 아이들을 낳아 기르면서 치유된 상처들이 많았다. 그런 행운을 누리는 동안 하루에도 여러 번 덮쳤던 불안함의 기세도 줄어들었다. 그러나 그 행운 역시 나의 목소리를 듣고 왔다는 것을 안다. 나는 '운'이 있다고 믿지만 그것들은 거저 주어지지 않는다. 특히 우는 소리만 내는 사람들을 좋아하지 않는다는 것을 안다.

행운은 넘어진 자리에서 할 수 있는 것부터 시작하는 사람들의 성실한 목소리를 듣고 찾아온다.

충분히 울고 난 후에 일기장을 펴자. 당신이 겪은 불행을 쓰고 나면 희망에 대해 쓰자. 가져보지 못한 것들을 적었으면 다음에는 갖고 싶은 것들을 정리해보자. 거대한 운명의 줄기를 바꾸려고 하지 말고, 오늘 당신에게 주어진 시간을 다르게 써보자. 당신만의 섬, 자기 세계는 혼자만의 고독한 시간을 통해서 조금씩 만들어진다.

열등감의 사용법

아이는 어릴 적에 자주 아프다. 어린이집이나 유치원에 보내기 시작하면 철 따라 감기나 질환들이 쉽게 따라붙는다. 동네 단골 병원은 층층이 내과, 이비인후과, 정형외과가 있는 건물에 있고 1층에는 얼굴도장을 찍는 약국이 있다.

그곳에는 "누구 오셨어?"라고 환자들의 이름을 부르면서 최강의 사교성을 발휘하는 나이가 지긋한 약사님이 있다. 처음에는 "또 왔네요. (아이를 보며) 얼른 나아야지." 정도의 인사말을 하더니, 서로 익숙해질 때쯤 되자 "우리 어머니는 참 예뻐." 하면서 그전과는 다른 느낌의 말을 꺼냈다.

나는 기분 좋게 웃었다. 그것이 시작이었다. 다음번에 갔을 때는 어릴 때도 원래 그렇게 예뻤냐고 물었다. 그다음에는 수술 같은 거 안 했냐, 엄마 아빠도 다 미녀 미남이시냐, 누굴 더 닮았느냐고 물었다. 언젠가는 꺼칠한 얼굴로 병원에 나서는 길에 잠시 거울 앞에 서서 '뭐라도 발라야 하나' 생각한 적도 있다. 어쩐지 실망시키면 안 될 것 같아서 말이다.

한번은 그날따라 손님이 없이 한적했다. 유치원을 쉬기로 한 아들과 약국에 들렀는데, 약사님은 "꼭 딸 같아. 우리 딸도 엄청 예뻐." 하면서 조금 긴 이야기를 꺼냈다. 바로 핸드폰에서 딸의 사진을 뒤적였기에 뒤돌아 나가지 못하고 궁금한 사람처럼 그 앞에 섰다. 자꾸 화면을 왼쪽으로 밀고 있는 것을 보니 가장 예쁜 사진을 보여주고 싶어 하는 것 같았다. 사진 속 딸은 엄마의 말대로였다.

"따님이 정말 곱네요."
"제 아빠 닮아서 그래. 난 안 닮았지. 우리 집에서 언니는 너무 예뻤어. 그냥 남자가 줄줄줄 따랐지. 언니가 친정 아빠랑 똑같거든. 내가 아빠를 닮았으면 얼마나 좋았겠어. 나는 엄마랑 똑같이 생겼어. 그래서인지 아빠도 언니를 더 예뻐했지. 어휴, 내가 공부라도 잘했으니 망정이지 아니었으면 어쩔 뻔했어. 그래서 애 아빠는 얼굴 보고 결혼했잖아."

약국 데스크 앞에서 한 사람의 역사가 훅 들어왔다. 너무 깊게 간 것 같아서 당황스럽기도 했지만 "각 개인이 보이는 그만의 특유한 부적응 행동을 제대로 이해하려면 그의 사회적 상황 역시 고려해야 한다."는 알프레드 아들러의 말이 떠올랐다. 한편으로 이해가 되어서 시원하기도 했다.

얼굴 보고 결혼했다는 남편이 누구인지 안다. 불편한 몸으로 약국의 한쪽 의자를 지키고 있었다. 부모를 따라온 아이들에게 이것저것 묻고 농담을 던지면서 하루를 보내는 것 같았다. 주름 너머의 얼굴은 반듯했고 허리가 굽었어도 키는 훤칠했다. 약사님은 수시로 남편을 들여다보면서 약국 일을 챙겼다.

그곳을 나와 돌아가는 길에 한 여인의 인생을 드라마처럼 펼쳐 보았다. 예쁜 언니와 비교당하며 받았을 상처, 라이벌을 넘어서기 위해서 다짐했던 목표들, 수없이 참아야 했던 결혼생활, 딸을 보며 위안을 받는 어미의 마음에 대해서 주인공의 허락 없이 시나리오를 썼다.

결핍, 열등감의 대상은 그 무엇이든 될 수 있다. 외모, 성별, 출생 순서, 성격, 돈, 직업, 학벌 등등. 이것은 때론 자극제 역할을 하면서 우리를 무서운 링 위에 기꺼이 서게 만든다. 가지지 못했다는 것은 물러서지 않고 싸울 수 있다는 말이기도 하다. 그러나 각성 상태가 오래가면 부작용이 생긴다. 무리하게 사용한 지점에는 불균형이 뒤따라오기 마련이다. 아들러는 "열등감의 감정을 오래 견뎌낼 수는 없다. 그것을 해소하기 위해 어떤 형태로든 심리적 긴장상태에 빠져들기 때문이다."라고 말하기도 했다.

약사님이 언니를 향한 미움이나 외모에 대한 콤플렉스 때문에 밤을 새워 공부하고 약대에 들어간 것은 쓸모 있는 동기였지만, 이후로도 그것을 보상할 방식으로 중요한 선택을 하고 시간을 사용하면 주체적 삶에서 점점 멀어진다. 충만한 기쁨을 누리기 위한 접근적 동기보다는, 느끼지 않기 위한 회피적 동기로 살게 된다. 결핍을 메꾸는 데 집착하다 '본래의 나'로 사는 감각을 상실하기도 한다.

미운 오리 새끼

얼마 전, 마이크로임팩트에서 주관하는 〈골든 마이크〉라는 프로그램에 심사위원으로 초대받은 적이 있다. 아마추어 강연자들이 10분 내외의 스피치로 경연을 치르는데, 벌써 여덟 번째 시즌이라고 한다. '우리가 사는 이야기'라는 주제로 총 10명이 최종심사에 올랐다. 그중 한 사연을 소개한다.

A는 중소기업에 다닌다고 자신을 소개했고, 이름만 들어도 알 만한 서울의 한 대학을 졸업했다고 덧붙였다. 사람들은 '오~'라고 반응했다. 뒤이어 "그런데 저희 부모님은 두 분 다 서울대를 나왔다."고 말하자 관객은 '어… 어…' 했다. 스피치의 제목은 '미운 오리 새끼'였다.

그는 오랫동안 열등감에 시달렸다. 최고를 지향하는 부모님에게 기대를 만족시키지 못하는 아들로 사는 것이 힘들었다. 기껏 노력한 결과물을 내놓으면 더 잘난 친구의 자식과 비교당하고, '부모 망신시키는 부끄러운 자식', '한심한 놈'이라는 평가로 돌아왔다.

A는 스피치 중에 JTBC에서 방영한 〈스카이 캐슬〉이라는 드라마를 인용했다. 극 중에는 서울대 외과를 졸업하고 병원장 자리에 앉기 위해 애쓰던 강준상(정준호 역)이 엄마를 향해 울부짖는 장면이 나온다. 병원장이 눈앞에 있는데 포기하지 말라고 사정하는 엄마에게 강준상은 말한다.

"주남대 병원장이 아니어도 나… 어머니 아들 맞잖아요."

바로 자신의 이야기라고 말하는 그를 보면서 한때 부모의 인정을 받기 위해 고군분투했을 노력이 그려졌고, 받아들여지지 못하는 슬픔을 상상했다. 아들은 다 부질없는 노력임을 깨닫고 마음의 빗장을 닫았다고 했다. '쓸데없다고 욕먹지 않을 일'만 하며 살았다. 선을 넘지 않는 방식으로 살면서 살아 있는 기쁨을 누리기는 어려웠다.

그러나 다행스러운 일은 우리의 정신은 그것을 알아차린다. 내 것 같지 않은 느낌. 이대로 살아도 괜찮을지 걱정되고, 어쩐지 다른 길이 있을 것 같은 호기심이 내면에 퍼진다. 영혼은 존재의 중심에서 탈선이 되었을 때 알람을 울린다. 물론 그 위험신호를 들을 수 있는가는 나에게 달렸지만.

그에게도 내면의 알람이 울려댔다. 한때는 열등감과 싸웠고 때론 숨어 지내던 방황의 끝에서, 진짜 원하는 것이 무엇인가에 대한 물음이 시작되었다. 인생의 주제를 부모나 자식이 아니라, 나 (self)로 바꾸자 새롭게 보이는 것들이 있었다.

'글을 쓰고 싶다. 나는 글을 쓸 때 마음이 편해지고 자연스럽게 느껴진다.'

그것이 진짜 원하는 것인지를 알기 위해서는 사건과 부딪혀야 한다. 결국 몸으로 깨달아야 한다. A는 글쓰기 모임을 시작하면서 265편의 글을 썼다. 역시 좋았다. 그러나 한심하고 쓸데없는 일이라는 비난을 들을까 봐 부모에게는 한 번도 말하지 못했다.

그는 분노와 이해의 터널을 거쳐 이제는 열등감으로부터 벗어나 날고 싶다고 했다. '이제 와서'가 아니라 '이제라도'라고 바꿀 준비가 되었다고 말했다. 부모님처럼 백조로 살지 못한 실패자가 아니라, 자신만의 아름다운 날개를 가진 오리로 살겠다고 목소리에 힘을 주었다. 시간이 걸리더라도 원하는 길을 찾아갈 것이라고 말하자 사람들의 갈채가 쏟아졌다.

강의를 마치고 자리에 초대받은 그의 어머니가 소개되었다. 사람들의 관심이 쏠렸고 그녀는 소감을 말했다.

"어쩌면 우리가 사라진 길, 사라질지 모르는 길로 아들을 계속 보냈던 것이 아닐까 생각되네요. 아들에게 미안하고, 이제는 그가 가는 길을 응원합니다."

그의 미래가 어떻게 펼쳐질지는 모르겠지만, 열등감과의 피로한 싸움에서 벗어나고 있다는 것은 알 수 있는 장면이었다.

아들러는 열등감을 에너지라고 불렀다. 다만 이것을 어떻게 사용할 것인가의 문제라고 했다. 열등감을 지혜롭게 사용하기 위해서는 개인의 '목표'를 바꾸어야 한다. A가 '부모와의 힘겨루기'에서 벗어나 새로운 '꿈의 날개 펼치기'를 시작했듯이, 조준점이 바뀌면 힘이 다르게 사용된다.

나와 당신의 결핍이 누군가를 이기거나 복수하거나 증명하기 위해서만 사용되지 않기를 바란다. 가장 먼저 당신을 살피고 꽃피우는 데 쓰였으면 좋겠다. 부모를 만족시키거나, 친구를 넘어서거나, 떠나간 애인에게 보여주기 위해서 살지 말고 당신의 이름을 위해 살자. 그리고 할 수 있다면, 전혀 이익이 남지 않는 일임에도 불구하고 타인에게 관심을 보이고 돕는 일에도 참여했으면 좋겠다. 당신의 눈물을 닦았던 두 손으로, 다른 사람을 안아줄 수 있었으면 한다. 열등감의 지옥에서 벗어나 더 넓은 세상에서 우리가 만날 수 있기를 진심으로 기도한다.

ENOUGH

어릴 때부터 남들은 다 있는데 나만 없는 것 같아서 느끼는 창피함을 자주 마주했다. 부끄러워서 얼굴을 붉히거나 피해서 숨는 기질은 아니었다. 들키고 싶지 않아 최대한 아닌 척, 안 그런 척 연기하며 뒤에서 부들부들 떨었다.

이를테면 어릴 때 다 부러진 12색 크레파스를 48색 크레파스를 들고 온 짝꿍 앞에 내놓을 때 창피했다. 친구의 크레파스에는 금색, 은색이 있었고 초록색도 채도별로 갖추고 있었다. 48색으로 그려진 도화지 속 세상은 더 근사할 것 같았다. 하지만 빌려달라는 말을 안 하고 참는 아이였다.

주인아주머니가 와서 도대체 집세가 몇 달째 밀렸는지 아냐며 사람들이 양심이 없다고 소리칠 때도 창피했고, 학교에서 새 학기에 엄마 이름을 적어야 할 때도 마땅히 있어야 할 것이 없는 창피함을 느꼈다. 아빠가 술에 취해서 길가는 사람과 실랑이를 버리는 통에 경찰이 오갔을 때 어린것에게 아빠 이름이 뭐냐고 물을 때도 그랬고, 아빠랑 알고 지낸 여자에게 돈을 받기 위해 손을 내밀 때도 말도 못 하게 창피했다.

창피함은 숨을 곳을 찾게 만든다. 크고 작은 사건들에 눌려서 내가 태어난 이유를 찾지 못하겠는 날이 많았다. 이럴 거면 왜 낳았을까. 왜 날 맡아 키운다고 했을까. 할머니가 '미움받지 않으려면 눈치껏 행동하라'고 말할 때마다 사랑받기 위해 태어난 것이 아님은 확실하다고 생각했다.

그러나 유일하게 '쓸모 있는 사람'이라는 느낌을 받는 순간은 나를 포기하지 않게 만들었다. 판잣집에서 연탄불이 꺼진 날 새우처럼 등을 웅크리고 잠들었다가도 학교에서 똘똘하게 발표를 마친 날, 쪽지시험을 잘 본 날, 백일장에서 상을 받은 날은 키가 커졌다. 친구들의 부러움을 샀고, 선생님은 '너는 못 하는 게 없냐'며 웃었다. 그들의 인정은 끝을 모르고 가라앉는 나를 밀어 올렸다.

어릴 적에는 경기장에 들어서지도 못하고 탈락 패를 당했다. 체급을 갖추고 링 위에 올라 제대로 실력을 보여주고 싶었다. 돈과 기회로부터 거절당할 때마다 나도 중요한 사람이라는 걸 알리고 싶었다.

가진 것이 없는 사람들은 쓸모 있는 사람, 중요한 존재가 되기 위해 악 소리가 날 때까지 한다. 졸업을 하고 바로 직장생활을 시작하면서 주어진 어떠한 기회도 놓치지 않겠다고 결심했다. 26살 때 첫 강의를 시작하게 된 계기는 순전히 이런 태도 덕분이었다.

그때 나는 교육 담당 막내였는데, 교육생 이름표를 자르고 물품을 준비하는 일을 했다. 어느 날 선배가 강사 소개를 하라고 했다. 별일 아니라 맡기는 느낌이었다. 고작 1~2분 동안 다음 강연 주제는 무엇이고 강사는 누구라고 안내하면 되는 일이었다. 잘하고 싶었다. 얼마 후 나는 팀장님으로부터 강의를 해보겠냐는 제안을 받았다.

매사가 이런 식이었다. 이번 일을 잘하지 못하면 큰일 날 것처럼 해냈다. 두 번째 회사에서는 전에 있던 강사들은 한 번도 하지 않았다던 '최초'라는 과정들을 만들었고, 다음 회사에서도 강사 '최초' 관리자까지 승진했다. 마지막 회사에서도 '최고'의 연봉이라고 들었다.

멈춤은 없었다. 직장에 다니면서 석사를 마쳤고, 공부를 병행하기 위해 12시에 퇴근했다. 첫 아이를 임신했을 때 전국으로 강의를 다니면서 박사 과정을 했고, 그때쯤 첫 책이 나왔다. 이후로도 매년 한 권씩 새 책을 내자 사람들은 아이 둘을 키우면서 도대체 언제 글을 쓰는 거냐고 놀랐다.

잘하는 일을 선택하고 막다른 골목에 선 사람처럼 물러서지 않으니 성과가 났다. 더 이상 나를 무시하는 사람은 없었다. 창피함을 느끼는 순간도 줄었다. 사람들은 내 의견을 귀담아듣고 조언을 구했다. 말 한마디에 깊은 의미를 부여했다. 그럴 때면 중요한 사람이 된 것 같아 좋았다. 더불어 어떤 우월감 같은 것도 있었다. 우월감과 열등감은 세트로 구성되어 있다는 것을 그때는 잘 몰랐다.

아들러의 글을 번역한 책 《열등감, 어떻게 할 것인가》를 읽으면서 다음 대목에 쫙쫙 밑줄을 그으며 몇 번이고 읽었던 기억이 있다.

"불안전한 상황에 처한 아이는 대부분 야심가가 되어 자신의 한계를 극복하기 위해 투쟁한다. 그러나 때로 투쟁이 정상적인 수준을 벗어나 우려스러운 정도가 되면 아이는 타인을 시기하거나 질투하고 결과적으로 스스로 극복하기 힘든 열등감을 키운다. 그 아이는 서툴거나 능력이 부족하면 절대 안 된다는 마음속 고정관념과 싸우는 호전적인 아이가 되며, 나이가 들어서 호전적인 성인이 된다. 그러면 그는 다른 사람보다 더 큰 마음의 짐을 안고 살아가게 된다."

　나는 늘 조급했다. 회사 선배들은 '그러다 넘어져.'라고 조언했고, 동료들은 '독하다, 무서워.'라고 했다. 해치워야 할 목표 리스트가 차고 넘쳤고, 시간표는 플랜 B와 C까지 준비되어 있었다. 그러지 않고서는 열심히 사는 삶 같지가 않았다.

　그때는 "당신은 사랑받기 위해 태어난 사람"이라는 노랫말이나 "있는 그대로 사랑받을 자격이 있는 사람"이라는 문장이 우스웠다. 학교 다닐 때 선생님은 남보다 잘해야 칭찬해주었고, 사회에서 만난 많은 사람들도 고개를 끄덕일 만한 성과를 내밀어야 쳐다봐줘 놓고는 이렇게 말하는 게 가당치 않게 느껴졌다. 헬렌 켈러는 "우리의 불행은 결핍에 있기보다는 부족하다고 느끼는 결핍감에서 온다."고 말했지만 결핍과 결핍감을 분리하기 어려웠다.

　그렇게 오랫동안 질주했다. 거칠게 직진하는 열차에 알람이 울려댔다. 탈선을 감지한 영혼의 센서는 신체감각으로 알려왔다. 많이 아팠다. 피곤한 것과는 완전하게 다른 느낌. 바닥까지 박박 긁어서 사용한 에너지가 고갈되어 고꾸라질 것 같았다. 여덟 시간 강의를 하고 오면 링거를 맞아야 다음 일정을 소화할 수 있었다.

날씨와 상관없이 감기를 달고 살고, 면역력이 취약해져 코에는 콧병이, 입안에는 입병이 줄줄이 따라왔다.

다른 전조증상들도 있었다. 사람들과 갈등에 놓일 때 작게 말해도 될 일에 힘을 주어 목소리를 냈다. 소신이 아니라 경직이고 교만이었다. 진심을 몰라보는 사람들을 수준 미달이라며 원망했다. 필요 없는 사람은 돌아보지 않을 일까지 증명하려 들었다. 멈추어야 한다는 것을 알아차렸지만, 지금까지 살던 기조를 꺾고 다른 길로 돌아나가기가 쉽지 않았다.

알람은 나이를 먹고, 결혼을 하고, 아이들을 키우면서부터 더 크게 자주 울렸다. 혼자 할 수 없는 것이 많아졌고 예측할 수 없는 일들이 쏟아졌다. 시간을 통제하면서 살았던 나는 혼란스러웠다. 처음에는 그것조차 어떻게든 해결해보려고 했지만 걷잡을 수 없이 예측 밖의 일이 일어났다. 메트로놈에 의지하던 인생이 즉흥재즈의 삶을 살려니 어지럽고 자주 화가 났다.

나는 다른 사람에게 도움 요청하는 것을 싫어한다. 치사하고 비굴하게 느껴진다. 남편에게 고민을 이야기할 때마다 그는 "조언을 구해보지 그래요?" 했지만 그 말에 짜증이 났다. 그런 전화를 거는 것은 모르는 것이 있고 부족하다는 말 같아서 내키지 않았다.

사실 타인이 기쁘게 도울 것이라는 믿음도 없었고, 거절당할 일을 만들고 싶지도 않았다.

그러나 아이를 키우다 보면 엄마들과 정보를 공유할 일도 많고, 책을 홍보하려면 여기저기 부탁할 일들이 생긴다. 사업을 하다 보면 조언을 구해야 하고 인맥을 활용할 일들이 수시로 일어난다. 그럴 때마다 기존의 실력은 별 쓸모가 없었다.

강한 사람이 되고자 했는데 외로워졌고, 통제하는 삶을 원했는데 갑갑해졌다. '중요한 사람'이 되고 싶어서 시작한 일인데, 중요한 것이 무엇인지 흔들리기 시작했다. 필요 이상으로 노력했던 과잉보상은 점차 효력이 떨어졌다. 예전에 사용하던 태도와 전략이 더는 통하지 않게 되었다.

그러던 어느 날, 허리디스크 때문에 무거운 책을 들고 걸을 수가 없어서 길바닥에서 목 놓아 울었던 사건 이후 어쩔 수 없이 집에서 쉬던 때였다. 점심 한 끼를 차려보자 싶었다. 요리라면 솜씨도 없지만 좋아하는 편이 아닌데 마음이 그렇게 움직였다. 인터넷에서 찾은 레시피를 따라 칼질을 하고 데치고 끓였다. 평범한 반찬들을 내어놓는데 두어 시간이나 흘렀다. 예전 같으면 비효율적이라며 아깝다고 말할 시간이었다.

한숨 돌리며 밥상을 바라보는데 갑자기 눈물이 쏟아졌다. 몸이 아파서 쉬고 있는, 제대로 기능하지 못해서 주저앉은 나를 위해 가장 정성스러운 밥을 짓는 상황이 아이러니하게 다가왔다. 평소에 바쁘면 빵이나 김밥으로 때우기 일쑤였고, 집중하기 위해 믹스커피를 꾸역꾸역 채우며 버텼다. 밥 먹고 자는 일을 포기하기가 가장 쉬웠다.

밥알을 씹으면서 눈물이 났다. 밥상을 보는데 조건적이지 않은 행복이라는 말이 무엇인지 알 것 같았다.

'중요한 사람'이라는 확인은 다른 사람의 박수 끝에서 나오는 것이 아니라, 내가 나를 아끼고 배려하는 방식에서 나온다는 것을 깨달았다. 나를 세우는 일은 밖을 떠돈다고 되는 게 아니라 안을 채워야 시작되는 일이었다.

다음 날이 되었다고 새사람이 되지는 않았다. 성취 없는 하루를 보내고, 시간을 늦추는 일이 낯설었다. 그러나 매일 한 끼 맛있는 것을 챙겨 먹었고 다이어리에는 운동시간을 채웠다. 하고 싶지 않은 강의는 거절했고, 남은 시간은 아이들과 더 보냈다. 아쉬워하고 서운해하는 사람들이 있었지만, 할 수 있는 설명을 하고 이해하지 못하면 그만두기도 했다.

이만하면 됐어

파커 J. 파머가 쓴 책《모든 것의 가장자리에서》에는 이런 대목이 있다.

"내가 쓴 문장 가운데 가장 중요한 것은 아마도 한 단어, '됐어enough'일 것이다. 적절한 상황에서 말했을 때 그 단어는 영혼을 보호해주며 나이가 들수록 그 말이 쉽게 나온다. 요즘엔 생기를 불어넣어주지 않는 것에 대하여 나는 주저하지 않고 '됐거든'이라고 말한다."

생기를 불어넣어주지 않는 것에 대하여 "이만하면 됐어."라고 하기. 좋은 점수가 나올 만한 곡 대신, 내 영혼이 기뻐하는 노래를 부르기로 결심한 지 몇 해가 지났다. 마음먹은 대로 되는 것도 있고 쉽게 바뀌지 않는 것도 있다. 아직도 일이 몰려들 때는 잘 쉬지를 못하고, '조금만 더, 조금만 더' 하다가 끼니를 잊는다. 목표에 집중하다 보면 주변을 놓치기도 한다. 그러나 큰 변화가 있었다.

다른 사람의 칭찬이나 험담을 흘려보낼 줄 안다. 누군가 잘했다 해주면 기분이 좋지만, 그렇다고 하늘을 둥둥 떠다니지 않는다. 별로였다 하면 신경은 쓰이지만 다시 제대로 보라고 얼쩡거리지 않는다. 그들의 'OK'가 아니라 나의 'enough'의 소리를 따라야 한다는 것을 안다.

나는 오랜 시간 수많은 경기를 치렀다. 이긴 게임도 있었고 완전한 실패도 있었다. 그러나 모두 필요한 시간이었다. 그것들이 없었다면 어쩌면 지금도 물이 새는 지하실에서 웅크려 있었을지 모른다. 내가 얼마나 많은 도전을 해낼 수 있는지 시험해보지도 못하고 부모만 원망하면서 말이다.

그러나 이제 링에서 내려오고 싶다. 이제는 인생이 항상 누군가를 이겨야 하는 게임이 아니라는 것을 안다. 오히려 자신만의 레이스를 완주하는 것이 훨씬 더 의미 있고 어렵다는 것을 알아가는 중이다. 여전히 삶에서는 이기고 지는 게임이 계속되겠지만, 우리가 원하면 언제든지 쉴 수 있고 다른 트랙 위를 달려보거나 당신만의 길을 만들어갈 수도 있다.

제대로 쉬지 못하고 다음 라운드에 출전하는 선수들에게, 당신은 오늘 어떤 경기를 치렀는지, 그것을 계속해나가는 이유가 무엇인지 묻고 싶다.

아직 스스로 납득할 만한 답을 찾지 못했다면, 조금 더 경기장에 머물면서 이토록 열심히 사는 이유에 관해 시간을 내어 정리해보기를 권한다. 우선 다 내려놓고 쉬라거나 되도록 빨리 경기장을 떠나 작은 카페를 차려보라는 말은 글쎄, 조심스럽다. 경험에 의하면 그런 것들은 멀리 도망간다고 찾아지는 것은 아니며, 오히려 링 위에서 땀을 흘릴 때 더 명확해지기도 하기 때문이다. 생존과 경쟁의 원리를 몸으로 배우면서 숨겨진 욕구와 욕망을 발견하게 된다.

그래서 언젠가 답을 찾는다면, 당신이 걷고 싶은 새로운 길을 알게 된다면 코치와 관객들을 향해 과감하게 수건을 던져도 좋다고 말하고 싶다. 쓸모 있는 사람이나 기능적인 사람으로만 살지 말고, 자기 의지로 선택하는 자만이 가질 수 있는 기쁨을 누리며 살기를 바란다.

링 위에서 후회 없는 경기를 펼쳤다면 'enough!'를 외치는 것은 포기가 아니라 또 다른 시작이 된다. 나는 이제 '도대체 어디쯤에서 만족할 것인가'의 문제에 꽤 명확해졌고, 보여주는 삶보다 체험하고 느끼는 시간이 늘어났다. 아슬아슬하게 가파른 직선이 아니라 커다란 곡선을 그리며 자란다. 덕분에 전보다 많은 것들을 품으며 간다.

당신에게 'enough'가 필요한 순간은 언제일까? 그 지점을 알기 위해 무엇을 더 찾아야 할까? 기회가 된다면 그것에 대해 함께 이야기 나눌 수 있으면 좋겠다.

상처는 극복의 대상이라기보다는
조절이 필요한 상대에 가깝습니다.
우리는 조금씩 다른 선택을 하면서
마음의 근력을 키워가는 겁니다.

3장

상처와 함께 자란다

꽉 찬 미완성

2013년 9월. 강의 중 쉬는 시간에 핸드폰을 열었더니 남편에게
걸려온 부재중 전화 수십 통이 물음표를 달고 대기 중이었다. 나
이가 들면서 '이 시간에 무슨 일이지?' 싶은 전화는 반갑지 않다.

"무슨 일 있어요?"
"아버님이 쓰러지셨어요. 나도 연락받고 지금 왔는데 정신이 오
락가락하시는 것 같아."

아빠가 없어져버리면 인생이 가벼워질 거라고 생각한 적이 있
었다. 분명히 그랬다. 하지만 이런 타이밍을 바란 것은 아니다. 갓
돌이 지난 손주의 예쁜 짓이 늘었는데. 지긋지긋한 빚도 거의 갚
아가는데. 미친 정신으로 짐을 싸서 나왔다. 택시를 잡으려고 이

리 뛰고 저리 뛰는 사이, 다시 남편에게 전화가 걸려왔다.

"여보, 아버님이 정신을 잃어가는 것 같아요. 지금 통화하는 게 좋을 것 같아."

"여보세요. 아빠! 아빠!"

"응, 우리 딸~ 아빠 괜찮아. 괜찮아. 뭘 울어. 이 사람들 괜히 그러는 거야."

"아빠, 조금만 기다려. 내가 가고 있어요."

"응, 그래. 천천히 와, 천천히."

"아빠, 미안해. 미안해. 미안해."

"우… 이… 따…."

"아빠, 사랑해요. 사랑해."

"어… 으…."

뇌출혈로 쓰러진 아빠는 짧은 통화 중에 초마다 의식을 잃어가고 있었다. 점점 말소리가 뭉개지고 어눌해졌다. 남은 것은 어떤 외침 같은 것. 그마저도 소리의 형태를 잃어갔다. 무너지는 아빠의 끝을 붙잡고 미안하다고, 사랑한다고 외쳤다. 당황스럽다. 뭐가 그렇게 미안하니.

택시 기사님은 유난히 속도를 내었다. 응급실에 도착하니 눈물이 범벅된, 당뇨병 30년차 엄마가 멍한 눈으로 맞았다. 일 나간 딸을 대신해 손주를 돌보던 엄마는 아빠가 쓰러지자 갓난쟁이를 등에 업고 119에 실려 왔다. 그 광경이 참으로 놀랍고 궁색 맞았다.

"아빠, 저 왔어요."

커튼 사이에 얌전히 누운 아빠는 아무런 반응이 없다. 눈은 초점을 잃었다. 몸의 구멍들에는 호수가 꽂혔고, 독한 약물들이 쏟아져 내렸다. 피를 너무 많이 흘려서 수혈을 계속해댔고 병원에서할 수 있는 모든 처치가 가해졌다. 그게 다였다. 이렇게 머릿속에피가 고여버린 상태에서는 당장 수술도 위험이 크다고 했다. 그들의 언어는 세련된 꼬부랑말이었지만, 우리가 알아들은 것은 '여기까지다'였다. 아빠는 그렇게 대학병원 한쪽 구석에서 버려진 짐짝처럼 누워 있었다.

아, 어이없게 뇌출혈이란다. 평생 '저렇게 술 마시다 간암 같은게 오면 누구 고생시키려고 저러나.' 하면서 전전긍긍했다. 그게무서워서 암보험만 들었는데 뇌출혈이라니. 나는 이후로 사거리신호를 건너면서 갑자기 트럭에 치여 죽어도, 슬픈 일이지 이상한일이 아니라고 생각하곤 했다.

하루에 딱 두 번 주어지는 중환자실 면회시간, 15분. 명찰을 달고 두 명씩 조를 이루어 들어갔다. 작은아빠, 아빠가 생전에 '우리 동생, 우리 동생' 하며 제일 좋아하던 쉰을 넘긴 동생은 형 앞에서 울었다. 애꿎은 종아리를 주물러대면서 이게 뭐냐고, 이런 꼴이 다 뭐냐고 빠져나오는 코를 들이마셨다. 형제의 긴 사연도 죽음 앞에서는 하나의 점으로 소멸되어갔다. 아빠의 침대에서도, 그 건너의 침대에서도 많은 사람이 눈물을 뿌리고 돌아섰다. 저마다의 방식으로 짧은 시간을 알뜰히 쓰고 돌아갔다.

아빠는 하루하루 희미해져갔다. 광대가 튀어나오고 입은 나날이 함몰되었다. 온몸에 피가 말라가는 듯 살갗이 오래된 노란빛을 띄기 시작했다. 온기가 식어간다. 푸석하고 질긴 촉각. 기분 나쁜 퀴퀴한 냄새도 심해졌다. 살아 있지 않은 냄새 같은 것. 말을 잃은 사람은 냄새로 자신을 알리려는지도 모른다고 생각했다.
가족들은 장례를 준비했다. 사람들은 훗날 이 시간을 두고 '아비가 끝까지 네 생각을 했다. 준비할 시간을 기다려주었다'고 했다. 장례 준비에 자식의 마음을 추스를 시간은 없었다. 수의는 네 개의 등급 중에서 골라야 했고, 유가족이 입는 검정 한복도 더 좋고 덜 좋은 것이 있다며 내민다. 더 비싼 것으로 하면 좋은 딸이 되는 건지 헷갈렸다. 갑자기 만들어야 하는 영정사진이며, 국화꽃은 얼마나 올려둘 것인지, 음식 가짓수는 몇 개나 올릴 것이며, 음료나 술은 어떤 방식으로 손님상에 놓을 건지, 일하는 분은 몇 명이나 몇 시간 일하게 할 건지 묻는다. 그런 일 처리들은 딸이 슬퍼할 겨를도 없이 자꾸 통장 꾸러미를 만지게 한다.

살아 있는 자들에게는 산책하기 좋은 맑은 하늘의 아침, 요양원에 가려고 준비하는데 전화벨이 울렸다. 엄마였다. "병원에서 연락이 왔는데… 빨리 오란다." 가족들이 오기 전에 산소호흡기를 차마 떼어버릴 수가 없어서 가여운 숨을 질질 늘여놓고 있었다. 우리가 도착하자 의사의 다급한 사망진단이 내려졌고, 아빠는 다시는 걷을 수 없는 새하얀 이불을 머리끝까지 덮었다.

단출한 우리 가족은 묵묵하게 상을 치렀다. 한걸음에 달려와 준 고마운 사람들과 인사를 하고 음식을 대접했다. 딸은 상주답게 보이기 위해 애썼다. 아빠 옆에서 사람들을 맞이하고, 손님이 들지 않을 때는 조문객들이 있는 곳에서 일일이 고맙다는 인사를 했다. 몇 번이나 같은 이야기를 되풀이했다. 아빠가 올해 연세가 얼마나 되었는지, 어떻게 돌아가시게 되었는지, 고인은 어떻게 모실 건지. 서로 뻔히 형식적인 이야기라는 걸 알면서도 하얀 상 너머로 그런 말만 주고받았다.

밤을 두 번 꼬박 새고서야 아빠를 다시 만났다. 그새 더 볼품이 없어졌지만 여전히 나와 꼭 닮은 남자는, 수의로 온몸이 휘감아져 있었고 손 끝자락까지 얼음장같이 차가웠다. 눈물이 터져 나왔다. 불쌍하고 가여운 인생… 어쩌자고 이렇게 누워 있냐며 꺼이꺼이 통곡을 했다.

'마지막이야, 마지막.'

그것은 늘 조급하게 만든다. 쏟아져 내리는 방울 사이로 아빠의 이목구비를 기억해두려는데 눈을 제대로 뜰 수가 없었다. 바쁜 손으로 아빠의 몸 이곳저곳을 더듬는다. 우리 아직 못다 한 말이 많은데 목구멍이 타들어 가서 소리가 나오질 않는다. 몸이 말을 듣지 않는다. 태어나서 처음 느끼는 고통이었다. 떠나는 길 노잣돈을 두라는 말에 정신을 차렸다. 나는 그동안 쓰지 못했던 인심을 마지막이 되어서야 두둑하게 풀어놓았다.

화장터로 이동했다. 그곳은 예의를 갖춘 공장 같았다. 사람들의 통곡 소리에 주변이 온통 웅웅거렸다. 정해진 동선에 따라 걷다 보니 커다란 엘리베이터 앞에 다다랐다. 숨이 붙어 있는 것들은 그 너머로 들어갈 수 없었다. 문이 열리고 아빠의 관을 들여보냈다. 그 순간에는 모든 것이 무너져내린다. 산 사람들을 챙기느라 버텨왔던 사람들도 무릎을 꿇는다.

화장터에서는 옷깃이 스치는 좁은 길목에서도, 화장실 거울 앞에 서 있을 때도 서로의 얼굴을 보지 않는다. 불편함도 참아 넘기고, 고함소리가 나는 곳이 있어도 관심을 두지 않는다. 밖의 세상과는 다르다. 그곳에서는 '죽거나 살거나' 말고는 다 아무것도 아니다.

우리는 가족실에서 불꽃이 타오르고 사그라지면서 아빠를 정리해가는 모습을 지켜보았다. 이제 막 가족을 떠나보낸 방에서는 통곡 소리와 위로 소리가 번갈아 가면서 오간다. 소리는 침묵이나 한숨으로 이어진다. 모니터를 보면서 죽음에 대해서 말하다가, 남겨진 자들의 일상을 걱정한다. 그러는 사이 유골은 다시 가족의 품에 돌아온다. 작은 유골함에 담긴 아빠를 건네받았다. 육십 평생 인생의 끝이란, 정말 한 줌 같은 것이었다. 그렇게 보잘것없는 것이었다. 나도 모르게 '아빠, 마지막은 고작 이거였네…'라고 중얼거렸다.

납골당 앞에서 유골함을 마지막으로 안았다. 따뜻해서 좀 놀랐다. 그리고 한 남자의 온도를 기억해냈다. 그는 따뜻한 사람이었다. 집에 생활비는 못 가져다주어도 지나가는 걸인들을 지나치지 못했다. 동네에서 박스를 줍는 할머니에게 '어머니, 어머니' 하면서 엄마 몰래 먹을 것들을 퍼 날랐다. 아이들을 보면 사탕이며 과자며 쥐어주는 것을 좋아했다. 술에 취해 비틀거리면서도 내가 좋아하는 군것질거리를 비닐봉지에 넣어 빙빙 돌리며 들어오던 일이며, 오랫동안 딸의 사이드미러를 채우면서 시야에서 사라질 때까지 골목길을 버티고 서 있던 아빠의 모습들이 구석구석에서 떨어져나왔다.

아빠가 돌아가시고 황량한 마음이 계속되었다. 남편과 자식이 있는데도 사람의 근본 뿌리는 자꾸 위에서 찾게 되는 것 같았다. 마치 그것이 잘려나간 심정이었다. 우주 어디를 뒤져도 혈육을 찾아낼 수 없다는 슬픔은 엄청난 고립감으로 다가왔다. '너도 자식 낳아 키워봐라.' 하며 뒤돌아 어깨를 들썩였을 아빠의 심정과 자꾸 마주하게 되었다.

얼마 전 한 후배는, 오랜 세월 자신을 거절했던 부모를 용서할 수 없다며 내일 갑자기 돌아가신다고 해도 마음이 풀릴 것 같지 않다고 말했다. 그때 나는 "지금의 네 마음이 그렇구나. 그 정도로 화가 나 있구나."라고만 했다. 그러나 속으로는 딴생각을 했다. '네가 진심인 거 안다. 내일 후회할지라도 지금 당장 할 수 있는 일은 원망이다. 그러나 그것은 그때 가봐야, 뜨거운 불꽃 속에서 부모의 살이 타고 자식의 마음이 타들어갈 때에야 분명해진다'라고. 나도 내가 아빠에게 미안하다고 말할 줄은 몰랐다고 예전의 장면을 떠올렸다.

누군가를 지독하게 미워하면 나중에 더 슬퍼할 일이 생긴다. 특히 그 대상이 갑자기 사라지면 증오만 그대로 남아서 화살이 자신을 향하게 될지도 모른다. 미워하는 일보다, 미워할 수도 없게 되어버렸다는 것이 남은 사람에게 고통을 준다. 나는 부모 이름만 들어도 바들바들 떠는 남은 자식들을 볼 때, 그것이 미리 염려스럽다. 그러나 이런 것은 원래 한발 늦게 깨닫는 법이라 입 밖으로 쉽게 꺼낼 수가 없다.

독자들과 북토크를 할 때 "전문가여도 잘 안 되더라. 아빠 살아계실 때 진짜 속마음을 나누고 살지 못했다."고 말했더니 한 여성분이 손을 들었다. 자신도 아버지와 쌓인 상처가 많다고 했다. 더 후회하기 전에 대화를 시도해보고 싶은데 어떻게 시작해야 할지 모르겠다고. 그리고 나에게 물었다.

"만약 아빠가 살아온다면 무슨 말을 하고 싶으세요? 덜 미워하기 위해 무엇을 다르게 해보고 싶으세요?"

나는 "별다르게는 못 했을 것 같아요."라고 답했다. 그러나 부족했던 부모로만 보지 않고, 한 사람의 인생을 궁금해하는 노력은 해볼 수 있겠다고 했다. 나는 이제 제법 사람을 입체적으로 볼 수 있게 되었다. 눈으로 보고 귀로 들을 수 있는 앞면 말고도 사람에게는 가려진 옆면과 숨기고 싶은 뒷면, 또는 스스로도 깨닫지 못하는 아랫면이 있다는 것을 안다. 그것을 내 아빠에게도 적용해보고 싶다.

아빠의 어릴 적 꿈은 뭐였을까? 엄마랑 어쩌다 사랑에 빠졌던 걸까? 애 딸린 이혼남이 되었을 때 어떤 심정이었을까? 자식 때문에 크게 울었던 때는 언제였을까? 살면서 가장 행복했을 때는 언제였을까? 이런 질문들에 하나도 답을 할 수가 없다. 나는 아빠의 인생을 모른다.

알았더라면 덜 미워했을까 생각해본다. 인생의 한 지점으로부터 벗어나면서 아빠의 인생이 궁금해졌는데, 영원히 물을 수 없게 되었다. 아빠의 사랑, 희망, 고통, 외로움, 절박함, 두려움에 대해서 더 알 길이 없어졌다. 이번에도 한발 늦게 깨닫는다.

인생은 미완성, 쓰다가 마는 편지
그래도 우리는 곱게 써가야 해

사랑은 미완성, 부르다 멎는 노래
그래도 우리는 아름답게 불러야 해

아빠는 살아 있을 때 〈인생은 미완성〉이라는 노래를 즐겨 불렀다. 그러나 나는 어릴 적에 미완성이 싫었다. 부족해 보였고 채우기 위해서 다른 어떤 것들을 기꺼이 희생했다. 그러나 이제는 '미완성'이라는 단어가 오히려 꽉 차 보인다. 이것만큼 인생을 적절하게 수식해줄 말이 또 있을까 싶다.

떡볶이 국물이 알려준 것들

대학교 1학년 때였다. 동아리 선배들과 기타를 치며 어슬렁대던 평화로운 하루였다. 점심시간이 되어 떡볶이를 먹으려고 근처 분식집에 들렀다. 이런, 조심한다고 했는데 옷에 고추장 국물을 떨어뜨렸다. 나는 먹다 말고 잘 지워지지 않는 국물을 닦아내려고 진땀을 뺐다. 짜증이 났고, 벌겋게 자국이 남은 옷을 흉하다는 표정으로 흘깃흘깃 보았다. 물론 그새 떡볶이는 동이 났다. 그러자 한 선배가 말했다.

"너는 좀 전까지 참 행복해 보였는데, 떡볶이 국물이 너를 완전 망친 것처럼 보인다."

훗날 선배는 '내가 그랬냐?' 하면서 기억도 못 했지만, 그 말은 후배의 머릿속을 울렸다. 좀 전까지만 해도 웃고 떠들던 순간을 떡볶이 국물이 망치도록 그냥 두었다는 것을 알았다. 아주 시시한 사건이 큰 울림을 주는 순간이 있다. 그때 나는 내가 예전의 실수나 실패 때문에 미래를 망치곤 했다는 것을 깨달았다. 이를테면 좀 전에 본 국어시험을 망쳐서 그다음 수학시험까지 영향을 받는 타입이었다. 어차피 벌어진 일은 거기에 놓아두고 다음 시간을 사는 방법을 더 알아야 할 필요가 있었다.

"과거가 미래를 망치도록 그냥 두지 않겠어. 그것이 정말 나의 하루보다, 인생보다 중요한지 물어야겠어."

그때부터 나는 어떤 사건에서 벗어나지 못하고 자꾸 뒤돌아볼 때마다, 불편한 마음이 끈질기게 뒤를 추적해올 때마다 '떡볶이 국물'을 떠올린다. 어차피 벌어진 일에 현재를 희생할 만큼 중요한 것이냐고 묻는다. 그러다 보면 사람들은 떡볶이 국물이 묻은 옷 같은 데는 관심이 없다는 것을 알게 되고, 그 자국을 달고도 얼마든지 웃고 행복할 수 있다는 것을 배우게 된다.

지금이 바로 그때다. 과거를 자리에 놓고 앞으로 걸어가야 할 순간. 아빠와 딸의 이야기는 미완성으로 완결되었다. 고쳐서 다시 쓰고 싶은 구간이 수두룩하지만 닦아내려고 매달리지 않으려고 한다. 아빠에게 모질게 대했던 순간들을 자꾸 흘깃하게 되지만, 남은 딸은 억울함에 발목 잡히거나 후회의 덫에 갇히지 않으면서 하루를 살아갈 것이다.

가까운 사람의 죽음을 목격하고 나면 남은 사람들은 한 뼘 큰다. 그사이 나는 아빠를 정리할 시간을 가졌다. 미워했고, 사랑을 깨달았고, 마음껏 울었다. 아빠는 부모 이전에 완벽하지 않은 한 사람이었고, 나는 사랑과 안전이 필요한 생명이었다. 그것을 이해하고 받아들인다. 물론 여전히 해결하지 못한 것들이 있다. 이 글을 쓰는 동안에도 여러 번 울었고 약간 어수선한 일상을 살았다. 그러나 필요하다면 또다시 상담을 받고, 일기를 쓰고, 아빠의 납골당을 찾아가서 한참을 울 것이다. 유골함 앞에서 아빠에게 "내가 얼마나 잘 사는지 지켜봐줘."라고 했었다. 그 말을 지키고 싶다.

가족의 비밀

2016년 노희경 작가의 작품 〈디어 마이 프렌즈〉라는 드라마를 좋아한다. 그곳에는 나이와 상관없이 고개를 끄덕이게 되는 상처와 치유가 있다. 그중에서 인상적인 한 장면을 소개하려는데, 그러려면 등장인물 박완(고현정 역)과 엄마(고두심 역), 깊은 애착관계를 맺고 있는 이 모녀에 대한 이해가 필요하다.

박완의 엄마는 남편이 친한 친구와 외도하는 것을 목격한다. 죽지 못해 살았고, 이혼 후에 혼자 딸을 키웠다. 그녀는 평생을 남편에게 맞고 산 친정엄마, 젊은 시절에는 가정을 돌보지 않다가 늙고 병들어서야 돌아온 아버지, 목발 없이는 걸을 수 없는 동생을 보살피는 억척스러운 가장이기도 하다.

완이는 그런 엄마의 금쪽같은 딸이다. 유일한 버팀목. 한편 딸 박완에게도 상처가 있다. 과거에 열렬히 사랑하던 남자가 있었다.

그는 완이를 만나러 오는 길에 큰 교통사고를 당했고, 남은 시간을 휠체어 위에서 보내게 되었다. 그를 두고 떠나왔다. 엄마가 아프다는 핑계였다. 박완은 남자를 버렸다는 죄책감과 다시 돌아가지 못하는 슬픔 사이에서 방황한다.

그러다 딸이 일하는 출판사 대표와 딸의 관계를 엄마가 오해하는 일이 벌어진다. 학교 선배이기도 한 남자는 다가왔지만, 박완은 물러섰다. 그는 유부남이었다. 내막을 알 리 없는 엄마는 '내 꼴을 보고서도 어떻게 네가!' 하는 배신감이 든다. 곧장 남자의 회사로 쳐들어가 난장판을 피웠고 딸도 알게 되었다. 그리고 만난 모녀는 대화를 시작한다.

"엄마, 앞으로 내 인생에 끼어들지 마."

"엄마가 네 인생에 끼어들면 어쩔 건데? 이 기지배야! 내가 동진이 만나지 말라는데 그게 그렇게 원수 보듯 쏘아볼 일이야?"

"내가 동진 선배를 왜 만났는데?"

"그것도 내 탓이냐?"

"당연히 엄마 탓이지. 내가 연하를 왜 버렸는데. 나는 엄마 거니까 엄마가 하지 말라는 짓은 못 하지. 엄마가 장애인 싫다 했지. 그래서 한국 왔어…. 여섯 살 때, 할머니집 앞에서 약 먹였을 때난 분명히 알았거든. 난 엄마 거구나. 그러니까 무서워도 약을 먹으라고 하면 먹어야 하는 거구나. 내가 연하를 버린 건 다 엄마 탓이야. 미치도록 사랑한 남자 아프다고 버리고 나니까 내 안에서 내가 그러더라. 미친년, 막살아버려. 양심도 버리고 막살아 그냥. 잘못했다고 그래. 나한테 잘못했다고 그래! 엄마가 낳았으니까 엄마가 죽여도 돼? 나한테 왜 그랬어! 내가 왜 엄마 거야! 말해! 왜! 내가 왜 엄마 거야! 난 정말 싫어. 정말 엄마가 싫어!"

"당연히 넌 내 거지⋯. 나 죽을 생각하면서 어떻게 널 두고 가⋯."

엄마는 얼어붙었고 완이는 소리쳤다. 30년 동안 입조차 뗄 수 없었던 컴컴한 동굴 안 이야기를 퍼올리며 울분을 토해냈다. 아마도 완이는 그랬을 것이다. 그때 그 사건 이후로 버림받지 않기 위해 아이가 할 수 있는 일을 했을 것이다. 엄마를 화나지 않게 하려고 숨을 나누어 쉬었을 테고, 엄마가 좋아하는 일이 무엇일까 찾아서 하는 기특한 딸이 되기를 선택했을 것이다.

박완이 울부짖을 때 딸을 보던 엄마의 표정이 잊히지 않는다. 내 새끼의 마음 안에서 그런 지옥이 살고 있는 줄은 몰랐다는 듯한 얼굴, 엄마도 제발 조용히 지나가길 바라며 모른 척할 수밖에 없었다는 듯한 눈빛 말이다. 이제는 그 얼굴이 보인다.

딸은 독백한다. '비겁한 박완. 30년 동안 묻어둔 그 이야기를 왜 이제야 미친년처럼 터뜨리는 건데. 너는 그때도 엄마를 이해했고, 지금도 엄마를 이해해. 그런데 왜 너는 지금 엄마를 이렇게 원망하는 건데.'라고.

그러나 완이는 30년 전 이야기를 꺼내고 이전보다 자유로워졌다. '나는 엄마 것이 아니다'라고 소리 내어 말하고 나서 두려움과 의무감을 내려놓고 사랑하는 남자에게로 간다. 자신의 자리를 되찾는다. 그리고 엄마는 딸을 향해 비행기표를 건넨다. 모녀의 상처를 없던 일로 만들 수는 없으나, 적어도 앞으로 둘은 상처를 모른 척하지 않고 보듬어 살아가는 방식을 선택할 수 있다.

박완의 이야기처럼 가족에게는 저마다의 비밀이 있다. 분명히 있었던 일인데, 서로 약속이나 한 듯이 모른 척해온 일들 말이다. 굳이 '쉿, 아무한테도 말하면 안 돼.'라고 하지 않더라도 스스로 감당하기 힘들어서 깊은 어둠에 파묻어버린다.

우리 집에도 그런 것이 있다. 어릴 적에 나는 고모 집을 좋아했다. 유일하게 아파트에 사는 가까운 혈육. 할머니 핏줄 중에서 가장 높은 곳에 살았다. 그곳에서 자주 군식구 노릇을 했는데 어느 겨울, 잠자리 준비를 막 마쳤을 때쯤 할머니가 오늘은 집에 가서 자야겠다며 딴소리를 한다. 이 밤에, 부지런히 걸어도 20분은 넘게 돌아 걸어야 하는 데다 가봤자 냉골인 초라한 판잣집을 굳이 가겠다고 야단이다.

결국 등짝 몇 대를 얻어맞고 할머니를 따라나섰다. 잠결에 추위를 탓하며 쫑알거리는 사이 집 앞까지 왔다. 삐-걱. 앞서 걸었던 할머니는 엄동설한에 초록 칠옷을 내던진 대문을 넘어 여닫이 현관문을 열어 재꼈다. 덜-컥. 오래 들어도 불편한 소리. 아, 그런데 허연 냉기 대신 꺼먼 연기가 쏟아져나온다. 콜록콜록. 앞이 잘 보이지 않는다.

더듬더듬 싸리 빗자루를 손에 쥔 할머니가 공중을 향해 비질을 하며 연기를 몰아낸다. "이게 뭔 일이여, 뭔 일이여." 할머니의 비질이 만든 길을 따라 방으로 달려들어 갔다. 손바닥만 한 방에 아빠가 예쁘게 누워 있다. 아끼는 양복을 차려입고 반듯하게 누워 있었다. 하얀 이불 옆으로 연탄재 두 장이 세워져 있었고, 구멍 사이로 연기가 꺼질 듯 말 듯 타오르고 있었다.

연탄 자살. 예전에는 연탄가스로 인한 자살이 많았다. 돈 없는 사람, 외로운 사람, 병든 사람들이 종종 맞게 되는 비극적인 결말이었다. 어린 딸은 보았다. 세상에 전혀 미련이 없는 것만 같던 아빠의 얼굴을. 표정 안에는 딸에 대한 미안함이나 그리움 같은 모양은 없었다. 눈물도 없고 술주정도 없었다.

이후의 일은 기억나지 않는다. 활활 타지 못한 어수룩한 연탄을 가져다 두는 통에 불발로 끝났다는 소식 말고는. 다행히 목숨을 건져 한 많은 인생을 더 살아냈다는 이야기 말고는 다른 것은 사라졌다. 늘 헛발을 디디며 살았던 아빠의 삶이 이때만은 참 다행스러운 것이었다.

우리 가족에게 아빠의 자살미수는 일급 비밀에 부쳐졌다. 혼자 있을 때 군소리를 잘하던 할머니도 허투루 삐져내본 적이 없었다. 술 마시면 고릿적 소문까지 들쑤시던 아빠도, 천진난만함을 잃어버린 딸도 그랬다. 늘 궁금했다. 할머니는 어떻게 알고 그날 집으로 가자고 했을까. 〈세상에 이런 일이〉에 나올 것 같은 신비한 능력이 궁금했지만 그저 입을 닫고 살았다.

벌써 30년도 더 된 이야기이다. 유독 이 일만큼은 다른 사람 앞에서 꺼내지를 못했고, 더 이상 일부러 들추어낼 필요도 없는 과거사가 되었다. 그러나 해결되지 않은 고통은 생존기한이라는 것을 모르나 보다. 생각하지도 못한 장면에서 불쑥 나타나 나를 과거로 확 낚아채어 간다.

말이나 해볼걸 그랬지

얼마 전부터 미술치료를 받기 시작했다. 다양한 미술 매체를 사용해서 마음의 정화와 치유를 돕는 프로그램이다. 하루는 '나의 고통과 대면하기'라는 주제로 찰흙을 건네받았다. 촉촉하고 따뜻한 질감의 흙으로 '고통' 하면 떠오르는 것들을 형태로 만들어보라고 했다. 그때 나는 단번에 그날이 떠올랐다. 하얀 이불에 누워 있던 아빠가 생각났다. 퀴퀴한 냄새가 풍기는 오래된 장면에 당황스러웠지만, 한 번도 청소된 적 없는 마음의 방이었다는 것도 알았다. 이번에는 피하고 싶지 않았다. 용기가 필요했다.

나는 먼저 찰흙을 네모 모양의 형태로 만들고 표면을 매끈하게 다듬으며 이불이라고 했다. 그러고 나서 다시 큰 한 덩이를 떼어내어 아빠를 빚어내려는데, 갑자기 시야가 흐려졌다. 아빠가 보고 싶었다. 고통을 드러내려는데 그리움이 먼저 찾아왔다.

꿋꿋하게 얼굴을 만들고 나서 몸통과 연결했다. 다음으로 조각도를 들어서 얼굴에 웃는 입꼬리를 그려 넣었다. "아빠가 웃고 있네요."라고 치료사가 말했다. 나는 아빠의 삶이 고단했을 것이라고 했다. 그때는 몰랐던 고통을 이제는 조금 알 것 같다고도 했다. 그래서 웃는 얼굴로 만들어주고 싶다고 답했다. 상처는 나와 함께 늙고 성숙해지고 있었다.

치료사는 딸은 어디에 있냐고 물었다. 모르겠다고 했다. 여기 같이 있는지, 도망갔는지 알 수 없다고 울었다. 작업이 진행될수록 그리움 이후에 슬픔이 느껴졌고 그러고는 화가 났고 두려웠다. 정말 그때 아빠가 죽었다면 어떻게 되었을까.

잠시 후 치료사는 다른 색 지점토를 주었다. 그러면서 다시 돌아간다면 무엇을 해보고 싶냐고 물었다. 그때는 못 했지만 아빠와 하고 싶은 것을 더 만들어보라고 했다. 나는 그 말을 따라 큼지막한 입술 모양을 만들어 아빠 옆자리에 두었다. '아빠에게 말하고 싶어요.'

"자, 이제는 말해볼 수 있겠어요?"

"아빠, 왜 그랬어? 왜 나한테 그랬어! 무서웠잖아! 아빠까지 날 버리는 걸까 봐!"

"화가 났군요."

"네… 한 번도 말하지 못했거든요. 말하면 안 된다고 생각했어요."

"아이가 힘들었겠어요. 더 하고 싶은 이야기가 있나요?"

"아빠가 견딜 수 없을 만큼 힘이 들었던 거죠…. 나는 어려서 잘 몰랐어요. 내가 이해하기는 어려웠어요. 많이 외로웠겠어요…. 보고 싶어요."

나는 아빠가 밉고 원망스럽고, 동시에 그립고 고맙다. 그러나 가족의 비밀은 서로의 상처를 치유할 기회를 빼앗는다. 우리는 서로 사과하지 못했고, 그때 그 일에 대해서 해명하지 못했다. 아빠가 돌아가시고 나서 가장 후회되었던 것은 '더 잘할걸'이 아니라, '말이나 해볼걸'이었다. 박완이 했던 것처럼 미친년처럼 '토해나볼걸' 하는 생각이 들었다.

만약 당신에게도 말 못 할 가족의 비밀이 있다면 이제 그만 잠금해제 하기를 바란다. 훗날 나처럼 찰흙을 부여잡고 울지 말기를, 싸우더라도 살아 있는 얼굴을 향해 말할 수 있기를 바란다. 안다. 겁이 날 테고 말해도 소용없으리라는 생각이 들 것이다. 현실에서는 진심을 꺼낸다고 해도 갑자기 화해의 물길이 열리지는 않는다.

자식의 마음을 알게 된 부모는 몰랐다고 할 수 있다. "네가 그런 생각을 했다니 미처 몰랐구나. 미안하다."고 말하면 허무하게 느껴질지도 모른다. 상담실을 찾아왔던 30대 남성은 부모에게 왜 나를 그렇게 때렸냐고, 그건 잘못된 거라고 말하자 부모가 미안하다고 사과했는데, 그래도 분이 삭지 않더라고 했다. 충분하지 않게 느껴졌고 용서가 안 된다고 말했다.

또 어떤 부모는 내가 언제 그랬냐고 기억이 안 난다며 넘어가려 할 수도 있고, 도대체 무슨 말을 하는 거냐고 오히려 몰아붙일 수도 있다. 어릴 적 상처 때문에 불면과 자살충동으로 괴로워하던 20대 여성은 아빠에게 용기 내서 털어놓았더니, 그건 다 네가 나약해서 그런 거라고 말했다며 서럽게 울기도 했다.

이런 부분에서는 서로가 서툴다. 자녀도 가족 앞에서 고통을 드러내는 방법을 잘 모르고, 부모 역시 아들딸의 상처를 직접 대면했을 때 자연스럽게 대처하지 못한다. 혈육의 고통 앞에서 어떤 모습을 취해야 할지 모른다.

그러나 가족의 비밀을 깨뜨리는 것이 반드시 해결을 위한 일은 아니다. 당신의 마음을 어둠에서 빛의 방향으로 이동시켜온 것만으로 충분하다. 또 그것은 부모를 위해서 해내야 하는 것이 아니다. 부모를 뉘우치게 하고 앞으로 다르게 살게 하기 위해 용기를 내는 것이 아니라는 말이다. 당신 자신을 위해서, 당신에게 맞는 자리를 찾아가기 위해서 하는 거다. 시간이 걸리더라도 해야 할 사과와 위로를 위해서 필요한 시작이다.

용서에 관하여

강연 중에 만난 한 어머니가 긴 한숨을 내쉬며 말했다. "내가 드라마라는 드라마는 수없이 봤지만 나같이 우여곡절 많은, 진짜 드라마 같은 인생은 보질 못했다." 앞뒤에 있던 사람들도 저마다의 한 고개를 가진 듯이 끄덕거렸다. 맞다. 우리는 기가 차고 숨이 턱턱 막히는 인생을 살아 넘겼을 때 '드라마 같은'이라는 표현을 하곤 한다.

앞서 말했던 드라마 〈디어 마이 프렌즈〉에서 박완이 자신에게 약을 먹이려고 했던 순간에 대해서 사과하라며 엄마에게 난장을 피울 때, 나는 TV 앞에서 가슴을 쓸어내리며 울었다. 놀란 남편과 아들이 방으로 뛰어들어와 "왜 그래. 갑자기 왜 이렇게 울어?" 했다. 박완이 부러웠다. 너는 좋겠다, 그렇게 말할 수 있는 엄마가 있어서. 같이 뒤엉켜 안으면서 '너를 혼자 두고 갈 수 없었다'고 말하는 어미가 있으니 좋은 줄 알라고 질투했었다.

그리고 며칠이 지나, 집 우체통에서 낯선 우편물 한 개를 발견했다. 발신인은 강북 어디에 있는 주민센터던가. 신용카드사, 통신사, 아니면 국세청도 아니고 분명 수취인이 내 이름인데 도대체 여기가 어딘가 싶었다. 요즘 시대에 강연 요청을 우편으로도 하나? 설마 아직 해결하지 못한 아빠의 빚이 남았던 걸까? 에이, 뭔가 잘못 온 거겠지 하면서 봉투를 열었다.

윤XX

한 번에 알아듣기 어려운 말들 사이에서 어떤 이름 석 자가 보였다. 낯익은 이름. 내 이름 석 자 중 가운데 '윤' 자는 바로 이곳에서 왔다. 아빠가 분명 시집가서 아들 낳고 잘 산다고 했던 여자이름. 그러다 벌 받아 암으로 죽었다는 사람이었다.

손이 벌벌 떨렸다.

끝까지 다 읽어내려갔지만 무슨 소리인지 알 수 없어서 소리 내어 다시 읽었다. 추려보자면 이런 말이었다. 이 사람은 죽지 않았다. 멀쩡히 살아 있다는 거다. 그리고 경제적으로 누군가의 도움을 받아야 하는 상황이다. 당신이 자식이므로 부모를 부양할 의사가 있는지 확인해달라며 뒤에 몇 장의 기록지가 딸려 있었다.

살아 있다. 그리고 가난하다.

박완이 떠올랐다. 엄마를 만나서 박완처럼 소리치는 장면이 뒤따라왔다. 하도 울어서 신이 준 선물인가, 아니면 시험인가 싶었다. 퇴근 후 봉투를 전해 받은 남편은 말했다.

"이런 드라마 같은 일이 있네요…."

다음 날 담당자에게 전화를 걸어 이해한 것이 맞는지 물었다. 나는 수십 년 동안 연락이 닿지 않았던 딸인데, 그것을 확인시켜주어야 나라의 지원을 받을 수 있는 것이 맞냐고 했다.

"제가 알기로는 결혼해서 자식도 있다고 들었는데요…."

"저희가 확인하기로는 따님 한 분뿐이세요."

"저… 혼자라고요?"

"네."

"그럼 경제적 지원이 필요한 상황이라는 건가요?"

"그렇죠. 기본생활이 어려운 상태에서 신청하신 거니까요."

"저희는 수십 년 동안 연락이 안 되었는데요. 지금 처음…."

"만약 부양 의사가 없으시면 있는 그대로 작성해서 보내주시면 돼요."

"딸려온 종이에 그 증명을 하라는 건가요?"

"맞습니다. 법 제도상 그동안 연락이 닿았으면 나라 지원이 안 돼요."

"그렇군요. 법률상⋯."

"그런데요, 어머니가 따님을 보고 싶어 하세요."

"⋯."

"많이 우시더라고요."

"네⋯."

나는 전화를 끊고 울면서 "7살 때 엄마와 헤어졌습니다."로 시작하는 짧은 에세이를 썼다. 누가 볼지 모르는 이 작은 종이에 드라마를 쓴다는 일이 슬프고 웃겼다. 이것을 증명하는 일이 누군가에게 도움이 된다는 사실이 기막혔다. 그 사람은 이런 막장 드라마를 한 달이면 몇 편이나 볼까? 글 쓰는 직업을 가진 사람답게 기승전결 흐름을 맞추어가면서 "그래서 이 분은 국가의 지원이 필요합니다."를 한 번 더 강조하며 끝을 맺었다.

"나한테 무슨 일이 있었는 줄 아니? 〈디어 마이 프렌즈〉 이야기한 적 있지?"부터 전해 들은 친구는 이렇게 말했다.

"지금의 너라면 직접 만나도 무너지지 않을 거야. 나는 알아."

그러나 내일도, 한 달 뒤에도 엄마에게 연락하지 않았다. 한동안 우울한 기분을 단 채로 버티는 시간을 보냈다. 그러나 알고 있었다. 내가 피하지 말아야 할 일이 무엇인지를. 오래전부터 감당하기 어려운 일이 생길 때마다 깊은 대화를 나누었던 내면의 중심 자아는 차분히 준비를 하고 있었다. 이런 부분에서는 어느 정도 단련이 된 것도 있었다. 그저 조금 더 시간이 필요했던 것이다. 무엇보다 그때 나는 둘째를 임신 중이었다.

아이를 낳고도 얼마나 더 지났을까. 계절이 여러 번 바뀌었다. 그날 아침, 전혀 그럴 계획도 아니었고 다짐도 없었다. 사무실에서 책을 읽다 말고 갑자기 마치 해야 할 일이 불현듯 떠올랐다는 듯이 '윤XX' 이름에 통화 버튼을 눌렀다. 받으면 이렇게 말해야지 하는 시나리오도 없었다. 분명한 한 가지는 내가 이 장면을 감당해내리라는 것뿐이었다.

"여보세요."

"…저는 김윤나라고 합니다."

"어머! 누구라고? 네가 윤나니?"

전화기 너머의 목소리는 낯설었다. 덕분에 거리감을 유지할 수 있었다. 생각보다 감격스럽거나 폭풍 같은 오열이 몰려오지는 않았다. 오히려 건너편에서 먼저 울음을 터트렸다. 전화를 기다렸다고, '포기해야 하나 싶었는데 이제야 걸어주는구나' 하면서 소리 내어 울었다. 나는 한번 만나고 싶다고 했고 약속을 정했다.

며칠 후, 두 여자는 한정식이 가득 차려진 식탁 앞에 마주 앉았다. 목소리에 비해 얼굴에는 '엄마다운 구석'이 남아 있었다. 어릴 적 기억을 따라 여전히 곱고 하얀 얼굴이었다. 둘 다 어디서부터 이야기를 시작해야 할지 몰라 했다. 엄마는 수십 년 만에 만난 딸을 앞에 두고 그냥 계속 울었다.

두 사람은, 우리가 함께 알던 한 남자의 이야기에서 만났다. 어쩌다 이혼을 했고, 또 어쩌다 자식을 낳고 소식을 끊게 되었는지에 대하여 말했고 들었다. 엄마에게는 그럴 수밖에 없었던 이야기, 딸에게는 그러면 안 되었던 이야기에 관하여. 아는 것도 있었고, 짐작했던 것도 있었으며, 이제 와 이해가 되는 것도 있었다.

엄마는 그러고도 한참 동안 아빠가 얼마나 힘들고 어려운 사람인지 이야기했다. 너무나 지긋지긋해서 이후로도 결혼을 하지 않았다는 것까지. '여기 한 사람 추가요.' 과거에 갇혀 있는 또 한 사람을 발견한 기분이었다.

"무슨 말인지 이제 알겠어요. 얼마나 힘들었으면 자식을 모른 척할 정도였는지를 말하고 싶으신 거죠. 그러나 아빠는 이미 돌아가셨고, 저는 아빠를 흉보려고 나온 것은 아닙니다. 그것은 평생을 함께한 제가 더 잘 알고 있으니까요. 저를 다시 만나게 된다면 하고 싶은 이야기가 이것이었나요? 아빠가 그토록 못나고 부족한 사람이었음을 알리는 것이요? 진짜 하고 싶은 이야기를 하세요."

엄마가 말을 주춤하는 사이, 나는 꼭 해야 할 말을 했다.

"한 여자로서 이해한다고 쳐요. 저도 결혼생활이 무엇인지 정도는 알고 있으니까요. 하지만 자식은 다르지요. 딸에게는 말해주었어야지요. 엄마가 현재 이런 상황이고 그래서 함께 살기가 어렵다, 네가 미워서 떠나는 것이 아니다, 너를 사랑한다, 그것만은 잊지 말라고요. 그렇게 아무 말 없이 사라지면 딸은 어떻게 될까요? 버려진 것에 대해서 어떻게 자신에게 설명해야 할까요? 어려서 뭘 알았겠냐 싶었다고요? 초등학생이었어요. 모를 거라는 건 어른들의 착각이지요. 아니요. 알아듣든 못 알아듣든 말했어야 했어요. 딸이 평생을 버려졌다는 고통에서 살지 않도록 만들어야 했다고요. 엄마에게도 버림받은 딸이 어떤 인생을 살게 될지 한 번이라도 생각해보았다면요!"

당연한 눈물이 터졌다. 드디어 수십 년 묵은 소리를 냈다. 내가 말했고, 내 귀가 들었다. 엄마는 가만히 나를 들여다보았다. 그리고 사과를 했다. 내가 너무 힘들어서 자식 생각을 못 했다고. '힘든 나만 생각했다. 정말 몰랐다. 그렇게 말해야 하는지, 그럴 수 있는 것인지 그 상황에서는 생각조차 하지 못했다'고 말했다.

'아, 이제 됐다. 나는 이제 완벽하게 자유로워졌다.'

다시 연락하지 못할 수도 있다는 말을 하고 헤어졌다. 돌아오는 길에 차 안에서 계속 눈물이 흘렀다. 슬퍼서 우는 것만은 아니었다. 우리는 기쁠 때 울기도 하고, 크게 안심하거나 벅차오르거나 믿을 수 없는 것을 해냈을 때도 운다. '이제 죽어도 여한이 없다'는 말이 적어도 어떤 마음에서 만들어지는지 알 것 같았다.

'잘했어, 잘했어.'

상처보다 큰 사람이 되었다

30년 동안 새엄마에서 헌엄마가 되어버린, 지금 이 시간에도 내 새끼들을 보느라 폭삭 늙어버린 엄마 생각이 났다. 여전히 맑고 고운 피부를 가진 친엄마를 보면서 '우리 엄마도 레이저 수술로 기미 다 빼줘야지' 하는 생각이 떠올랐는데 피식 웃음이 났다. 피는 물보다 진할지 모르지만 세월보다 약한가 싶었다.

자리에서 일어나기 전에 엄마는 내가 연락하지 않아도 이해한다고 했다. 이렇게 봤으니 되었다고도 덧붙였다. 그리고 생각한 것보다 훨씬 잘 컸다고, 오히려 네가 더 어른스럽다고, 너의 눈이 깊고 따뜻해 보인다고 했다.

그 말을 들으면서 이전부터, 그러니까 이렇게 직접 만날 수 있을 거라는 상상조차 하지 못할 때부터 나는 엄마를 용서했다는 것을 깨달았다. 엄마가 말한 깊고 따뜻한 눈빛이란 기술로서 발휘할 수 있는 것이 아니었다. 분노에 휩싸여 있지 않았다. 껍질 안에 숨겨진, 사랑받고 보호받고 싶었던 자아를 데리고 자리에 나갔고, 상처보다 큰 사람이라는 것을 확인하고 돌아왔다. 그동안의 세월을 어떻게 살아냈는지 증명되는 순간이었다.

예전 다이어리 어딘가에 티베트의 정신적 지도자인 달라이 라마의 글귀를 적어둔 기억이 났다.

용서는 단지 상처를 준 사람들을 받아들이는 것만을 의미하지는 않는다. 그것은 그들을 향한 미움과 원망의 마음에서 스스로를 놓아주는 일이다. 그러므로 용서는 자기 자신에게 베푸는 가장 큰 자비이자 사랑이다.

사실 '내가 부모를 용서하리라'에서 시작된 일은 아니다. 그렇게 출발하면 한없이 억울해져서 엄두를 낼 수가 없다. 해보지 않아도 딱 보자마자 '이건 내가 할 수 있는 일이 아니야' 하게 되는 것들이 있지 않은가. 누군가를 용서하는 일은 그런 것이다.

그저 나를 지키고 싶었다. 오늘을 살아내는 것도 무거운데 덕지덕지 오해, 복수, 분노, 원망들까지 매달아 인생을 추락시키고 싶지 않았다. 부모를 노려보거나 용서를 피해 다니지 않고 그저 나 자신을 보았다. 내가 선택한 용서는 '충분히 이해한다. 나 같아도 그랬을 것이다'가 아니라 '놓아줌으로써 고통으로부터 자유로워진다'는 의미였다.

이 글을 쓰는 도중에 밖에서 큰소리가 났다. 운영하고 있는 심리상담센터 건너편 자리에서 흘러나오는 소리였다. "나를 이렇게 키운 대가를 치러야죠! 누가 나를 이렇게 키웠어요!"라는 말이 반복해서 들렸다. 중간중간 흐느끼는 소리도 겹쳤다.

아들은 평생 비교하고 비난하며 자신을 키운 아버지에게 복수하고 싶다고 했다. 그래서 당신이 원하는 대학에 가지 않았고, 앞으로도 당신이 원하는 직업을 갖지 않을 것이며, 기필코 당신들에게 보상을 받아야겠다고 했다. 나를 이렇게 키운 죗값이라 생각하고 가진 돈을 다 내놓으라며 울분을 터뜨렸다.

부모는 울었다. 저 가족들 중에서 가장 안쓰러운 사람이 누구인지는 한 발짝 떨어져 있으면 알 수 있다. 그러나 아들은 그 한발을 물러서지 못하고 저기서 저러고 있다. 자신을 불태워서라도 알리고 싶은 것이 있다. 지금은 부모가 살아 있으니 분통이라도 터트리지만, 부모마저 세상을 떠나고 나면 저 분노를 다 어떻게 이고 살아갈까 걱정스러웠다.

이해할 수 있을지 모르겠지만, 나는 이후로 친엄마 생각이 별로 나지 않았다. 시간을 멈출 만큼 궁금하거나 걱정스럽지 않았다. 건강해 보여서 다행이라고 생각하면서 '언젠가 부고 소식을 듣게 된다면 마지막을 지켜야지.'라고 마음먹었다. 거기까지 할 수 있겠다. 아빠를 보냈듯이 내가 곁에서 불꽃을 지켜보리라. 혹시 쉰이 넘어 마음이 바뀌거든 그때는 또 그때의 마음에 따라야지 했다.

누군가를 미워하느라 힘든 당신이라면, 당신 자신을 위해서 용서해보라는 말을 대놓고 하지는 못하겠다. 만약 누가 나에게 그런 말을 했더라면 한 대 후려치고 싶었을 것이다. 내가 그러기로 선택할 수는 있어도 누가 참견할 수는 없는 일이다.

그러나 여전히 당신을 먼저 두라는 말, 그것만은 권하고 싶은데 어떨지 모르겠다.

자기분석의 함정

30대 여성이 공격적인 말투 때문에 고민이라며 코칭을 신청했다. 사업을 시작하면서 만나는 사람들이 많아졌는데, 평소에는 괜찮다가도 기분이 한번 상하면 감정적으로 상대를 공격해버린다는 것이다. 예민하게 반응하지 않고 편하게 넘기고 싶고, 그래서 주변 사람들과 부드러운 관계를 맺고 싶다고 했다.

보통 처음 만나기 전에 몇 개의 질문을 과제로 내주는데 대략 이런 질문이다.

- 자신을 단어 5개로 표현해보세요.
- 삶의 가치 다섯 가지는 무엇인가요?
- 당신이 바라는 3년 후의 모습은 어떠한가요?
- 최근에 가장 집중하고 있는 것은 무엇인가요?

· 코칭을 통해 얻고자 하는 것은 무엇인가요? 한 문장으로 정리해보세요.

이런 질문이 익숙하지 않은 사람들이 많아서 과제는 보통 A4 한 장 이내로 채워진다. 그런데 그녀는 두세 장에 이르는 이른바 자기분석 노트를 보내왔다.

코치가 보낸 질문뿐만 아니라 성장과정에서 있었던 주요 에피소드, 부모님에게서 받은 부정적인 영향, 바꾸고 싶은 문제들을 촘촘히 적었다. 그동안 정신과 상담, 심리치료, 자기계발 세미나, 심리학 서적의 도움을 많이 받았고 자신에 대해 알아가려고 노력했다면서 빽빽하게 이야기를 채웠다. 글로 만난 그녀는 쉼표가 없었다. 두려움이 많을수록 가만히 있지 못하는 사람의 특성 같기도 했다.

우리는 인사를 나누었다. 그리고 보내준 기록에 대한 인상을 전하려고 하는데 그녀가 급하게 말을 붙였다.

"제가 빠뜨리고 적지 못한 것들이 있는데요… 보내고 나서 정리된 것이 더 있어요."

그녀의 말은 빨랐고 사람이 들어찰 빈틈이 없었다. 어떤 책에서 보았던 문장들, 심리학 이론들을 보태면서 열심히 아니, 간절하게 자신을 설명하기를 원했다.

"글도 그렇고 지금도 열심히 설명해주시네요."

"네, 그렇죠. 제가 말이 좀 많았나요?"

"당신에 대해 알게 되어서 도움이 되었어요. 자신이 어떤 사람인지 제게 제대로 알리고 싶은 것 같아요."

"코치님한테 저를 제대로 알리고 싶었어요."

"그랬군요. 한편으로는 궁금한데요, 당신의 이야기를 하면서 혹시 걱정되는 부분이 있나요?"

"네…?"

"어떤 불안함을 느꼈거든요. 이렇게 짧은 시간 안에 제가 당신을 온전하게 이해하기는 어렵잖아요. 그런데도 빠뜨리거나 잘못 전달될까 봐 걱정하는 당신의 마음은… 어디서 오는 것일까요? 무엇이 겁나는 것일까요?"

"아, 저에 대해서 제대로 알아야… 오해하지 않을 수…."

"당신을 오해하지 않길 바라는 마음이었군요."

"…(눈물을 흘린다)."

"우는군요…."

"네… 사람들은 저를 늘 오해해요."

그녀는 살면서 자신을 이해해주는 사람을 만나지 못했다고 했다. 본래 마음도 여리고 약한데 사람들은 강인하고 씩씩한 사람이라 생각한다. 상처도 쉽게 받고, 콤플렉스 덩어리에, 매일같이 누군가의 인정과 사랑을 찾아 헤매는데 무소의 뿔처럼 혼자서도 괜찮은 사람인 줄 안다. 그래서 누군가 이렇게 마음을 알아주면 서러워서 눈물이 막 난다고 했다.

"한 번도 제대로 이해받지 못했다는 경험과 지금의 문제가 어떤 관련이 있다고 보나요?"

그녀는 아버지 이야기를 꺼냈다. 냉정한 아버지는 세상에서 돈이 최고인 사람이었다. 가족도 돈 다음에 줄에 서야 했다. 문제집을 살 때도, 학용품을 챙겨야 할 때도 '너에게 드는 돈이 얼마인 줄 아냐'고 했다. 하고 싶은 공부가 있었지만 돈에 막혀 할 수 없었고, 꾸던 꿈도 있었지만 숨이 막혀 버텨낼 수 없었다.

어머니는 약한 존재였다. 그런 아버지를 감당하지 못하고 뒤에서 있었다. 딸은 마음이 여리고 외로움을 많이 타는 엄마가 안쓰럽기도 하면서 동시에 화가 나기도 했다. '왜 이렇게 약해빠져서 우리를 지켜주지 못하는 거야!' 하는 마음이 들었다.

그녀는 아빠로부터 도망치기 위해 노력했다. 경제적으로 자립

하려 안 해본 아르바이트가 없었다. 직업도 직장도 수시로 바꾸어 다녔다. 집을 떠나온 이유는 아빠처럼 살지 않기 위해서였다. 돈, 돈, 돈. 세상에 돈밖에 없는 사람. 따뜻한 온기라고는 빌려 쬘 수도 없는 냉혈한 인간이 되고 싶지 않았다.

그런데 기가 막힌 것은 그러는 사이 거울을 볼 때마다 아빠와 닮은, 늘 화가 차 있는 얼굴을 만난다. 힘을 가지기 위해 발악하는 아빠 얼굴을 한 여자가 보인다. 누군가 자존심을 건드리면 뭔가 보여줘야 한다며 목소리를 높인다. 아빠가 자식에게 돈으로 협박 했던 것처럼, 나라는 사람이 어떤 사람인지 아냐며 익숙한 말투로 그러고 있다.

그리고 뒤돌아서면 '이건 진짜 내 모습이 아닌데. 사실 내가 하고 싶었던 말은 이게 아닌데' 하며 후회한다. 가면 뒤에 숨은 진짜 나를 보여주고 싶다. 자신이 얼마나 따뜻하고 여린 사람인지를 알리고 싶다. 더 이상 오해받고 싶지 않다.

나는 그녀의 이야기를 들으며 생각했다. 우리는 때로 문제가 무엇인지, 그것이 어디서 왔는지 등 기원에 대해 필요 이상으로 분석한다. 그럴 때 심리학은 도움이 되는 지침을 주기도 하지만 과도한 남용이 되기도 한다. 오히려 한계를 만들어내고 있을지 모른다. 나를 둘러싼 일들에 관하여 원인과 결과를 분석하는 데 능숙하면서도, 그런 자신을 받아들이는 데는 무능하다. '알겠다'는 되지만 '괜찮다'는 되지 않는다. 그녀는 누구로부터 이해받지 못한 세월을 한탄하면서도 지금 이 순간에도 자신을 도닥이지 못하고 있다.

"그동안 당신 자신에 대해서 충분히 분석했을지 모르지만 아직 받아들이지는 못한 것처럼 보이는데요. 제게는 여리고 따뜻한 마음을 가진 사람도 당신이고, 열등감 때문에 작은 일에도 상처받는 것도 당신이며, 상대에게 힘을 가하고 돌아서서 후회하는 사람도 당신처럼 보이는데요. 당신은 어떤가요?"

이런 나도 괜찮다

너새니얼 브랜든은 자기 인정을 자존감의 중요한 요인으로 설명한다. 《자존감이 바닥일 때 보는 책》에서 그는 이렇게 말한다.

"자기 인정 없이는 자존감의 존립 자체가 불가능하다. 자기 거부라는 패턴에 갇혀 있으면 개인적인 성장은 억압되거나 지연될 수밖에 없다. 무엇보다 중요한 것은 나를 거부할 때 나는 행복하지가 않다. (중략) 반갑지 않은 감정을 받아들이지 않고서는 그 감정 속에서 나를 감정을 느끼는 존재 이상으로 발전시킬 방도가 없다. 어떤 장소를 가보지 않고 떠날 수는 없는 노릇이다.”

브랜든은 자기를 인정하지 못하는 사람, 자신의 일부를 거부하는 사람들은 아무리 배우고 깨달아도 얼마 가지 못한다고 했다. 가끔은 눈에 보이는 변화가 있다 해도 일시적이거나 비영구적이라고 말한다.

우리에게는 '뜨거운 인지'가 필요하다. 머리와 가슴이 함께 협업하는 이해 말이다. 분석은 끄덕임을 위한 것이지만, 인정은 껴안는 것이다. 우리가 어린 시절의 상처로 되돌아가 사건의 전말을 파헤치는 것은 진범을 밝히기 위함이 아니라 너무나 취약했던 나를, 그 시간을 뚫고 살아남은 자신을 위로하기 위해서다.

아버지가 돈으로 힘을 휘두르려고 했듯이, 자신에게 힘의 욕구가 일어난다는 것을 받아들여야 한다. '말도 안 돼. 그토록 싫어했던 모습이 내게도 있다니!'라고 할 일이 아니라 '내게 그런 면이 있구나.' 하는 것이다. 인정하라는 것은 좋아하라는 것이 아니라, 모른 척하지 말라는 것이다. '알면서 모른 척하기'가 자신을 가장 미워하는 방법임을 아는 것이다.

나는 그녀에게 말했다.

"걱정하지 말고 먼저 자신을 위로하세요. 아버지처럼 되어갈까 봐 경계하느라 당신 자신을 돌보지 않고 있네요."

그녀는 아버지가 아니다. 닮은 면이 있는 것이지 같다는 말이 아니다. 비슷한 점이 있지만 다른 선택을 할 수 있다. 그 힘을 다른 곳에 쓸 수 있다. 이를테면 누군가를 지키는 데 사용할 수 있고, 돈으로 약자를 도울 수도 있다. 그러려면, 정말 같은 인생을 살지 않으려면 뾰족하고 거친 자신을 껴안아야 한다. 머리로 말고 가슴으로 말이다. 내면에 있는 다양하고, 익숙하지 않고, 어둡고, 반갑지 않은 모든 당신의 특성들에게 '너, 그래 거기 있구나.' 하는 연습이 필요하다.

나는 그녀에게 과제를 주었다. 다음의 문장을 완성하고 다음 시간에 이야기해보자고 했다.

만약 내가 지금보다 나를 더 받아들인다면 ＿＿＿＿＿＿＿ 를 할 것이다.

만약 내가 내 느낌과 감정을 존중한다면 ＿＿＿＿＿＿＿ 할 것이다.

만약 과거의 실수를 더 받아들인다면 ＿＿＿＿＿＿＿ 할 것이다.

만약 자기를 거부하는 습관을 바꾼다면 ＿＿＿＿＿＿＿ 할 것이다.

나를 점점 ＿＿＿＿＿ 하다고 인식하고 있다.

출처: 《자존감의 여섯 기둥》, 너새니얼 브랜든

그녀와 일주일 후에 다시 만났고 다음의 문장을 완성해왔다. 자신에게 더 이상 멍청하다고 말하지 않을 거라고 했다. 지금 이대로 충분하다는 것을 인식하려고 노력하자, 수없이 많은 고비를 넘기면서 사업을 키워온 강인함이 이전보다 소중하게 느껴진다고 말했다. 처음 만났을 때보다 그녀의 말에 빈 공간이 생기기 시작했다는 것을 알 수 있었다.

만약 내가 지금보다 나를 더 받아들인다면 나에게 멍청하다고 말하지 않을 것이다.
만약 내가 내 느낌과 감정을 존중한다면 혼내지 않고 먼저 도닥여줄 것이다.
만약 과거의 실수를 더 받아들인다면 스스로를 사랑한다고 느낄 것이다.
만약 자기를 거부하는 습관을 바꾼다면 다른 사람의 이해에 매달리지 않을 것이다.
나를 점점 충분하다고 인식하고 있다.

감추고 싶은 모습을 다락방에 숨은 고양이라고 생각해보자. 사람이 무서워 어둠 속에 숨어버린, 그러면서도 혼자 있기 싫어서 울어대는 고양이 말이다. 밖으로 데리고 나오려면 어떻게 해야 할까? 소리를 질러 겁주거나 억지로 꼬리를 당겨서 끌어내리는 방법을 택하지는 않을 것이다. 그럼 더 깊게 숨어버릴 테니까. 좋아하는 먹이를 들고 기다린다. 빼꼼히 고개를 내밀면 쓰다듬어주고 사뿐히 안아서 내려준다. 주변을 경계하는 고양이를 '괜찮아, 괜찮아'라며 안심시킬 것이다. 그 과정이 친절하고 따뜻해야 한다.

외면하고 싶은 당신의 모습과도 이런 식으로 만나야 한다. 끌어내는 방식이 아니라 품어주는 방식이 필요하다. '나의 신경증적 불안은 부모와의 불안정한 애착 때문이야', '지금의 회피 성향은 거절에 대한 두려움으로 인한 방어기제지.'라고 자기분석을 끝마치지 않았으면 좋겠다. 불안정한 애착을 달고 살아온 자신을 보듬어주고, 도전 앞에서 돌아서야 하는 마음을 돌보는 것으로 이어져야 한다. 대개는 그런 자신이 마음이 들지 않아서, 고양이에게 베푸는 친절하고 따뜻한 마음조차 나에게 쓰지 못한다.

분석은 사람을 구하기 위함이다. 마음 분석만 하다가 사람을 놓치지 말아야 한다. 심리학이 당신과 맞서지 않고 한편이 되기를 바란다. 원리는 차갑지만 적용은 따뜻해야 한다. 당신의 문제 앞에서 '괜찮아, 괜찮아'가 우선이다.

불안함이 올라올 때

일상의 불안함이 높았던 30대 직장인 여성 A가 있었다. 그녀는 긍정과 부정 중에 부정을 먼저 선택하고, 내 탓과 남 탓 중에 내 탓을 훨씬 편하게 느끼며, 변화를 통해 기회를 만드는 것보다 가만히 아무 일도 만들지 않는 것을 선호하는 편이었다.

이직하려고 마음먹은 지 벌써 여러 해가 지났다. A는 이력서 앞에 앉을 때마다 '내가 붙을 수 있을까?', '괜히 떨어져서 상처만 받는 거 아니야?' 하는 생각이 덜거덕거려서 집중하기 어렵다고 했다. 앞으로 벌어질 수많은 문제들을 다 불러내어서 밤새 헤아리고 있느라, 소망과 가까운 행동으로 돌아갈 수가 없었다.

불안함은 회피행동으로 이어졌다. 싫다 싫다 하면서도 끌려가는 소처럼 아침을 반복하는 자신이 싫고, 거절하지 못해서 지루하고 불편한 모임에서 웃고 있는 스스로가 바보처럼 느껴졌다.

"저는 제가 싫어요. 마음에 안 들어요."

"마음에 들지 않는군요. 그럼 당신이 원하는 것은 무엇이죠?"

"걱정을 그만하고 싶어요. 불안해하지 않았으면 좋겠어요."

"걱정, 불안과 거리를 두고 싶다는 말이네요. 조금 더 구체적인 상황으로 표현해주겠어요?"

"불안함을 느끼더라도… 실행을 멈추지 않는 것이요."

"당신은 앞으로 걱정이나 불안이 몰려와도 계획한 일을 해나가고 싶군요. 그렇게 되면 당신은 무엇을 얻을 수 있을까요?"

"음, 저 자신에 대한 확신이요!"

A가 "내가 싫어요."라고 했던 이유는 '자신에 대한 확신'이라는 소망으로부터 멀어졌기 때문이다. 적절한 불안함은 적응적이다. 그러나 과도한 적응, 다시 말해 부적응적인 불안함은 대개 세 가지 경우로 드러난다.

우선 불안함을 느끼면 '난 여기까지' 하면서 쉽게 손을 드는 경우이다. 약해지는 게 싫어서 좋아하는 것을 포기한다. 두 번째는 우울이나 자책 같은 더 큰 부정적인 감정을 불러올 때이다. '너는 어찌 된 애가 요만한 불안함조차 감당하지 못하니!' 하며 스스로를 지나치게 꾸짖는다. 마지막으로 불안함을 다른 사람을 통해 해결하려고 하거나, 게임이나 약물로 잊으려 하는 것이다. 마음의 근력이 약해질수록 불안함은 커지고 깊은 중독에 빠진다.

불안함과 대화하기

1. 불안함에 이름 붙이기

A는 오랜 세월 동안 어머니와 지나친 융합관계로 힘들어했다. 그녀는 "내가 너를 어떻게 키웠는데!", "너 하나 믿고 사는 거다." 라는 말과 함께 자랐다. 반면 엄마는 화가 날 때면 감정 조절을 하지 못했다. 뜻대로 조종되지 않으면 내리던 사랑을 폭력적으로 휘둘렀다. "엄마가 아니었으면 네가 가당키나 해!", "네까짓 게."라는 말로 딸을 때려눕혔다.

A는 엄마 없이는 아무것도 할 수 없는 무능한 아이가 되기로 선택한 것 같았다. 그렇게 하면 큰 탈이 나지는 않았다. 자라면서 엄마의 처우가 부당하다는 것을, 세상에는 착한 딸 말고도 다른 역할이 많다는 것을 알게 되었지만, 독립의 출발선에 섰을 때 압도되는 불안함을 감당하기 어려웠다.

자신을 나무 그림으로 표현해보자고 했을 때 그녀는 나무줄기에 커다란 옹이를 그려 넣었다. 이것은 상처라고 말했다. 그리고 옹이를 바라보면서 '혼자서는 할 수 없는 바보'라고 불렀다. 그래서 나는 이렇게 제안했다.

"듣기만 해도 마음 아픈 이름이네요. 우리 다른 이름을 붙여볼까요?"

"이름이요?"

"네. 당신의 불안함을 자극하는 그 상처에 새로운 이름을 붙여보자고요."

"흠, 어렵네요."

"부정적인 느낌을 주지 않는 이름이면 좋겠어요. 그 이름을 불렀을 때 기분이 환기될 수 있게요."

"생각난 게 있는데… 좀 부끄러워요."

"뭔데요? 궁금해요!"

"이쁜이요."

아빠가 살아계실 때 아빠는 곧잘 A를 '이쁜이'라고 불렀다. 갑자기 그 단어가 떠올랐다. 아빠는 최소한 조건적인 사랑을 내세우지는 않았다. A는 자신의 상처를 '이쁜이'라고 부르고 싶다고 했다. 나는 훨씬 듣기 좋다고 말했다.

2. 불안함을 알아차리기

A가 최근에 불안함을 느꼈던 구체적인 상황들을 나열해보았다. 그때 불안함의 강도는 얼마나 되는지 평가해보고, 머릿속에 자동적으로 따라붙는 생각은 무엇인지 기록해보았다. 예를 들면 이렇게 말이다.

구체적 상황	불안 강도	자동적 사고
경력기술서를 쓰려고 컴퓨터 앞에 앉을 때	9점	괜한 일 만드는 거 아닐까?
자격증 시험을 위해 공부할 때	7점	이거 한다고 도움이 될까?

A는 한번 불안한 생각이 시작되면 걷잡을 수 없다고 했다. 나를 뽑지 않을 거야, 뽑히더라도 적응하지 못할 거야, 부족한 실력이 들통나고 말 거야, 이런 식이었다. 그녀는 뇌 속에서 '불안의 축제'가 펼쳐진다고 표현했다.

우리는 그들이 축제를 벌이기 전에 알아차리는 연습을 했다. 일명 '이쁜이에게 인사하기'라고 불린다. 불안함이 실체를 드러내기 시작하고 부정적인 생각이 첫 번째 계단에 발을 딛기 시작할 때 '응, 너 왔구나.' 하면서 대상을 인식하는 훈련이다. 불안함과 자신을 일체의 상태로 보지 않고 분리해서 바라보는 시각을 키우는 데 도움이 된다.

A는 쑥스러운 듯 "하이, 이쁜이 왔구나."라고 했다. '아 좀 닭살인데요.' 하면서도 생각보다 할 만하다며 웃었다.

3. 불안함에 반박하기

이쁜이는 불만이 많다. 부정적이고, 때론 궤변을 늘어놓고, 융통성이 없다. A에게 지시하기를 즐기고 쉽게 비난하며 거칠게 군다. 그럴 때마다 그녀는 쉽게 뒤로 물러섰다. 앞으로는 방법을 좀 다르게 할 것이다. 이쁜이가 머릿속에서 간섭할 때마다 '반박 대화'를 하는 것이다.

우리의 내면에는 두 개의 목소리가 있다. 그들의 이름은 '하던대로해 씨'와 '달라지고싶어 씨'이다. '하던대로해 씨'는 습관적인 생각대로 말하는 것을 좋아하고, '달라지고싶어 씨'는 자아의 소망대로 움직이라고 용기를 준다. A의 마음속에서도 한쪽은 '불안함이 하자는 대로 해. 엄마 말대로 너는 혼자서 할 수 있는 게 없어.'라고 하고, 다른 한쪽은 '언제까지 엄마와 네 삶을 엮으며 살거야. 네가 하고 싶은 것에 집중해.'라고 말한다.

당신이 둘 중 어느 목소리에 더 귀를 기울이는지를 알아야 한다. 오랫동안 극도의 불안함에 노출되어온 사람들은 '달라지고싶어 씨'의 소리를 들어본 적 없을지도 모른다. 볼륨을 항상 내리고 있었으니까. 반박 대화란 '하던대로해 씨'가 소리를 높일 때 재빨리 '달라지고싶어 씨'에게 마이크를 넘겨서 그 생각에 조목조목 대항하는 대화를 하는 것이다.

하던대로해 씨: 괜히 지원했다가 떨어지면 어떡해. 그냥 가만히 있어라.

달라지고싶어 씨: 떨어진다는 걸 네가 어떻게 알아?

하던대로해 씨: 엄마도 늘 말했잖아? 너를 가장 잘 아는 사람 말이야.

달라지고싶어 씨: 그래도 아무것도 하지 않는 것보다 나아. 그걸 알아.

하던대로해 씨: 글쎄… 지금까지도 해내지 못했잖아.

달라지고싶어 씨: 나는 조금씩 달라지고 있어. 이렇게 컴퓨터 앞에 앉아 있다고!

불안함과 대화하는 연습을 하면서 A는 자기 생각이 얼마나 한쪽으로 치우쳐 있었는지를 깨달았다고 했다. '하던대로해 씨'는 달변가인 데다가 애쓰지 않아도 손쉽게 머릿속을 헤집어놓는 능력자이다. 때론 그 소리가 엄마의 것과 닮아서 놀랄 때가 있다. 반면 '달라지고싶어 씨'는 소심한 데다 부끄러움이 많은 편이란다. 요긴하게 쓰려면 아직 더 훈련이 필요하기는 한데, 마치 자신을 보는 것 같아서 잘해보자고 격려하는 중이라고 했다.

나도 여전히 '하던대로해 씨'의 목소리에 귀를 기울이고 '달라지고싶어 씨'를 급하게 소환해야 하는 상황에 놓인다. 불안함은 이런 방식으로 발견된다. 어떤 사람과 불편한 이야기를 해야 할 때면 그냥 피하고만 싶다. 손해를 보더라도 죄다 들어주고 싶다. '혹시 기분 나빠하면 어쩌지'와 '나를 미워하지는 않을까' 사이에서 날카롭지 못한 대화를 하고 돌아오는 경우가 있다. 뒤가 찜찜하다.

'살다 보면 불편한 대화가 필요하잖아. 그게 왜 그렇게 싫은 건데?'

중요한 문자나 메일을 보내놓고 수신확인을 했는지 여러 번 체크한 적도 있다. 읽어봤나? 보낸 메일함을 다시 열어서 내용을 읽는다. 제대로 표현했나, 문장은 수려한가, 빠진 것은 없나 검열하는 중이다.

'이런 짓은 안 하면 안 되겠니. 부족하면 좀 어떤데.'

이럴 때면 내가 싫다. 자유로워지고 싶다는 소망으로부터 멀어지고 있기 때문이라는 것을 안다. '내가 하는 일은 탁월해야 해. 그래야 사람들의 인정을 받지', '미움받지 않아야 해. 그래야 외로워지지 않지.'라는 오래된 문장들을 떠나보내고 싶다.

이럴 때는 '셀프 토크'가 도움이 된다. 좀 전의 반박 대화와 비숫한 형식이다. 나는 본래 혼자 있는 시간이 많아서 나 자신과의 대화가 편했다. 코칭을 배워가면서는 스스로 질문하고 대답하는 방식에 익숙해졌다. 불안에서 헤매고 있을 때면 다음 질문들이 내 안의 '달라지고싶어 씨'를 불러내는 데 꽤 도움을 주었다.

나한테 도움이 되니?
내가 바꿀 수 있는 게 있니?
사실이라고 치자. 그래서?
지금 생각해야 할 것은 뭐야?
그럼 당장 해야 할 것은?

셀프 토크는 이렇게 쓰인다.

얼마 전 그날은 중요한 강연 두 개가 연달아 있는 날이었다. 오전 일정을 마치고 서둘러 다음 목적지로 가야 했다. 그런데 앞 강연을 만족스럽지 않게 끝마쳤다. 나는 '아쉽다'가 아니라 '망쳤다'고 생각했다. 부정적인 생각으로 시야가 좁아지면 순식간에 흑백논리에 빠지기 쉽다. 잘해낸 것 99개보다 실수 1개가 발목을 잡는다.

다음 강연장으로 가기 위해 차에 올라탔는데, 어려운 분들을 모셨으니 꼭 잘해주셔야 한다던 담당자의 말이 떠올랐다. 이때다 싶어

자기 불신과 의심이 불안함을 뒤쫓아왔다.

'나 잘할 수 있을까….'

자, 다음 일정으로 이동하는 차 안에서 셀프 토크를 시작한다.

토크 주제: '내 강연은 정말 별로일지 몰라'에 관하여

지금 이 생각이 다음 강연에 도움이 되니?

아니, 전혀 안 되지. 오히려 생각하면 할수록 다음 강의도 망쳐 버리고 말 거야!

그럼 네가 지금 이 고민을 계속해서 바꿀 수 있는 게 있니?

아니! 이미 앞 강연은 끝났어. 고민한다고 달라지는 건 없는 일에 왜 이러고 있는 거야?

백번 양보해서 네 말대로 망친 것이 사실이라고 치자. 그래서?

망쳤다는 것은 사실일까? 사람들이 좋아했다는 증거는 얼마든지 델 수 있어. 설마 망쳤다고 해도 큰일은 없어. 야단난 것처럼 소란피우지 말자고.

그럼 지금 네가 생각해야 할 것은 뭐야?

나는 전문가야. 실수할 수는 있지만, 이 주제에 대해서 가장 많이 고민한 사람은 나야. 그것을 믿으면 돼. 10년의 시간을 한 시간과 바꾸려고 하지 마.

좋아! 그럼 당장 네가 할 수 있는 것은 뭐야?

다음 강연에 집중하자. 가는 길에 오프닝 연습을 해볼까? 안녕하세요, 만나서 반갑습니다.

다음 장소에 도착했을 때 내 안에서 다른 에너지를 느꼈다. 오후 강연은 만족스럽게 끝났다. 셀프 토크를 통해서 '나는 불안함을 다룰 수 있다'는 경험을 추가한 셈이다. 내 삶을 흔들었던 거대한 불안함은 이런 방식으로 조금씩 밀려나가곤 했다.

우는 아기를 달랠 때 가장 필요한 능력은 아기를 달랠 수 있다는 믿음이다. 엄마가 자신을 믿지 못하면 허둥지둥하다가 아기를 더 불안하게 만든다. 마찬가지로 '하던대로해 씨'의 목소리에 귀기울여온 당신에게 필요한 것은 '나는 불안함을 다룰 수 있다'는 확신이다. 더는 너에게 주눅 들지 않을 거라는 믿음 말이다. 이 말은 '달라지고싶어 씨'에게 큰 힘이 된다.

《내 인생, 방치하지 않습니다》의 저자 사라 윌슨은 평생 여덟 가지 불안장애에 시달리면서 그것과 20년간 어울려 살아온 이야기를 한 권의 책으로 냈다. 그녀는 한때 불안함과 싸우려던 적도 있지만, 돌아보면 불안함이 자신을 이끌어주었다고 했다. 끈질긴 불안과 이를 자각하는 버릇이 하루하루 크고 중요한 결정을 내리는 데 도움을 주었다. 우리가 불안에 사로잡히는 의미와 이유를 제대로 이해한다면, 불안을 아름다운 감성으로 만들 수 있다고 믿는다고 했다.

동의한다. 나 역시 고질적인 불안함이 없었다면, 같은 강의를 하면서 매번 밤을 새우거나, 붙들고 앉아 글자 하나씩 확인해가며 끝장을 보지 않았을 것이다. 한때는 '나 왜 이러니' 했지만 덕분이기도 했다. 버림받음과 거절에 대한 불안이 아니었다면, 사람의 표정을 예민하게 읽고 숨겨진 욕구를 귀신같이 찾아 대화를 끌어가는 재능도 발휘하지 못했을지 모른다. 눈치 보며 크는 동안 실력도 자란 셈이다.

오랜 불안과 마주하면서 배운 것은, 불안은 괴물의 얼굴을 하지 않았다는 것이다. 남보다 예민하고 까칠한, 그러나 충분히 매력적이고 배울 점이 많은 친구 있지 않은가. 나에게 불안함이 그렇다. 일면 예리함과 섬세함을 주고, 열정과 추진력을 불어넣으며, 통찰과 깨달음을 준다. 다루는 방법을 알고 있는 사람에게는 말이다. '달라지고싶어 씨'와 힘을 합치면 사귀어볼 만한 상대이다.

상처와 함께 자라다 보면 알게 됩니다.
내가 도저히 할 수 없을 것 같던 일들을
이미 해내고 있다는 것을요.
살아 있기에 가능한 일입니다.

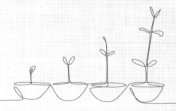

4장

불행에

임하는 자세

행복의 자격

　유독 기억에 남는 만남이 있다. 10~20대 젊은 세대들이 모인 자리에 초대받아 '상처'를 주제로 강연을 했다. 아까부터 맨 뒷자리에 앉은 여학생을 보게 된다. 강의가 시작될 무렵부터 눈이 시뻘게져서 눈물을 참던 얼굴이다. 사인회가 다 끝나도록 자리를 지키고 있던 학생은 사람들이 거의 빠져나가자 다가와 말했다.

　"선생님 이야기를 들으면서 꼭 제 얘기 같았어요. 저희 아빠도 알코올중독에, 매일 돈 때문에… 집에 있는 게 지옥 같아요. 빨리 벗어나고만 싶어요. 그럴 수 있을까요?"

　그러곤 나를 길게 보았다. 그것은 현재 진행형의 고통이었다. '힘내라, 좋은 날 올 거다' 같은 말로 발림질해서 되돌려보내면 안 될 것 같았다. 그건 마치 늪지대에 빠져 점점 수렁 속으로 끌려들어 가는 사람 앞에서 치어리딩을 하는 것과 같다. 그런 말은 서둘러 빠져나가기 위해 준비된 말처럼 들린다.

"내가 어떤 답을 해도 크게 도움이 되지는 않을 거예요. 직접 살아내야 하니까요. 다만, 당신 자신만큼은 잘 지키고 있어야 해요."

더 길게 말하지 못하고 딱 그만큼만 하고 짐을 싸 들고 나왔다. 돌아오면서 조금 전에 한 말이 충분하지 않게 느껴졌다. 그러나 더 하더라도 후회할 것 같았다. 다만 언젠가 때가 온다면, 나누지 못했던 이야기에 관해서 써야겠다고 끄적거려두었다. 이 책은 그때의 결심과 오랜 주저함에서 출발했다.

오늘도 강연이 끝난 후 '나도 같다'며 손을 꼭 잡는 사람들을 만났고, 비슷한 질문을 받았다.

"사람에 대한 신뢰를 회복할 수 있을까요?"
"어떻게 결혼 생각을 했어요?"
"아이를 낳을 용기가 나던가요?"

"내가 부모와 다르게 살 수 있을까요?"

"제가 행복할 자격이 있을까요?"

이 질문이 어떤 두려움에서 오는지 안다. 우리 부모는 툭하면 싸우고, 큰소리가 날 때마다 칼부림이 오가고 피가 튀어 경찰이 오갔는데 그런 광경을 보고 자랐어도 결혼을 하고 싶더냐는 질문이다. 엄마의 지독한 외로움과 우울을 나누어 지면서 결혼이 인간을 어떻게 지옥으로 내모는지 목격했는데 행복한 결혼을 할 수 있을까 두렵다.

싱글들은 은밀하게 다가와 괜찮은 사람을 알아보는 방법이 있으면 알려달라고 한다. 진지하게 만나는 사람이 있다면서 결혼해도 좋겠냐고 묻기도 한다. 점집에 더 어울리는 질문이지만, 새겨진 상처가 많다는 뜻이다. 부모와의 관계가 어려웠던 사람들은 나와 너의 적절한 경계 세우기, 부정적인 감정을 조절하기, 신뢰와 책임을 선택하기 측면에서 어려움을 겪기에 그렇다.

아이를 낳고 기르는 일은 더 큰 도전이다. 통통한 볼과 아기 살냄새에 취해 욕심을 부렸다가, 괜히 불쌍한 생명 하나 더 늘리는 일은 아닐까 염려스럽다. 얼떨결에 부모가 된 사람들도 자신이 엄마를 닮아가고 있다며 얼굴이 새파래져서 '나 좀 바꿔달라, 살려

달라'고 우는 일이 많다.

나도 결혼 전에는 연애만 하지 결혼하지는 않을 거라고 했고, 출산 전에는 결혼은 해도 아이를 낳지 않을 거라고 했다. 인생에서 귀한 것들은 가장 가까운 사람들의 방식을 보고 따라 배운다던데, 좋은 모델링 없이 해낼 수 있을 것 같지가 않았다.

예전에 친한 후배의 어머니가 지방에서 보내왔다는 반찬 택배를 보고 놀란 적이 있다. 상자 안에는 딸의 입맛에 최적화된 여러 종류의 김치부터 쑥이랑 떡이랑 버무렸다는 간식과 보지도 듣지도 못한 밑반찬들이 친절한 이름표를 단 통에 들어 있었다. 먼 길 가는 길에 음식이 샐까 봐 이중 삼중으로 꼼꼼하게 포장했다는 것이 놀라웠다.

후배는 엄마에게 전화를 걸어 힘들게 뭐 이런 걸 보내냐며 꽁알거렸다. 그 밥을 먹으면서 '엄마는 이런 거구나' 하고 관찰학습 나온 사람의 태도를 취했던 기억이 난다. 이런 것도 모르면서 아이를 키운다는 것이 가능할까 생각했던 날이었다.

그러나 우리가 상처 많은 어린 시절을 보냈다고 해서, 포기에 익숙한 어른이 되어야 하는 것은 아니다. 당신의 부모가 충분히 너그럽지 않고 아이를 돌볼 능력이 없었다고 해서, 당신도 같은 길을 걷게 되지는 않는다. 부모와 당신은 성분이 다른 사람이고, 그래서 다른 인생을 산다.

엄마는 빨강과 파랑이 혼합되어 있는 '보라색 사람'이라고 생각해보자. 당신은 그중에서 파랑이라는 점에서 닮았다. 예민하고 까다로운 기질, 쉽게 우울해지는 성향, 낯을 가리고 조심스러운 성격처럼 유전적으로 물려받은 면도 있고, 엄마가 해주는 밥을 먹고 같은 자리에 누워 자면서 생각하는 방식, 자주 짓는 표정과 말투처럼 익힌 것들도 있다.

그러나 우리의 내면에는 양쪽 어디에서도 물려받지 않는 독특한 색이 있다. 그 사람만이 가진 고유한 영혼(soul) 말이다. 이해를 돕기 위해 당신의 고유색이 노랑이라고 해보자. 부모로부터 받은 파랑과 본래의 노랑이 만나면 전혀 새로운 색, 초록이 된다. 당신은 '초록색 사람'인 것이다. 아이를 키우다 보면 '도대체 어디서 이런 애가 태어났나' 할 때가 있는데, 바로 이런 새로운 색의 조합으로 당신은 부모와 조금씩 다른 인생을 살게 된다.

물론 나 역시 가정을 꾸리면서 수없이 부모가 드리워놓은 깊은 그림자와 대면했다. 냉정하고 엄격한 나 자신을 볼 때마다, 밤 11시가 넘어서도 자는 아이를 흔들어 깨워 이를 닦이고야 말았던 엄마가 떠올랐다. 부탁하면 될 일을 짜증 내고 돌아설 때, 감정적으로 압도되어 누군가를 비난하고 싶어질 때 예전의 어떤 장면들이 생각났다.

신혼 초에 남편이 크게 아팠던 적이 있다. 웬만한 감기에는 꿈쩍 안 하던 사람이 결근까지 하고 드러누우니 놀랐고 걱정이 되었다. 그리고 짜증이 났다. 좀 이상하지 않은가? 신랑이 아픈데 왜 짜증이 날까? 이내 내가 아팠을 때 머릿수건을 올려주고, 옆에서 괜찮냐며 머리를 쓰다듬어준 사람이 없었다는 것을 깨달았다. 결국 "여보, 나 어떻게 보살피는지 모르겠어요." 하면서 훌쩍거린 일도 있다.

하지만 나는 부모와 다른 삶을 산다. 단란한 가족을 꾸리고, 이혼계획은 없으며, 보람 있는 직업을 가졌고, 즐기는 취미가 있다. 아들이 밤새 기침할 때 '그러게 옷 따뜻하게 입으랬지' 하지 않고 얼마나 힘드냐고 머리를 쓰다듬는다. '무엇을 잘해서 엄마 아들 아니고 그냥 엄마 아들이야.' 하며 품에 안을 줄 안다.

오프라 윈프리는 《내가 확실히 아는 것들》에서 이렇게 말했다.

"나는 과거의 상처를 치유하는 것이 삶에 존재하는 가장 거대하고 가치 있는 도전 중의 하나라는 것을 확실히 안다. 그러기 위해서는 지금의 내 모습을 가지게 한 씨앗이 언제 어떻게 뿌려졌는지 아는 것이 중요하다. 그래야 그 씨앗을 바꾸어 심을 수 있기 때문이다."

이 대목에서 고개를 사정없이 끄덕거렸다. 씨앗을 바꾸어 심을 수 있다. 조금씩 나은 선택을 하고 다른 열매를 맺을 수 있다. 하지만 많은 사람들이 부모가 겪었던 비슷한 고통을 물려받고 또 다른 희생자를 만들게 되는 이유는, 스스로 아름다운 색을 가졌다고 믿지 않기 때문이다. 한 번 싹을 틔우지 못한 씨앗에게는 남은 가능성이 없다고 생각한다.

결혼을 하고 아이를 낳아 기르면서 많은 치유를 경험했다. 알고 싶지 않았던 아빠의 마음을 헤아리게 되었고, 사람에 대한 신뢰를 회복하게 되었으며, 내면아이의 건강이 회복되었다. 훌륭한 아내나 존경받는 어머니는 아닐지라도, 나는 충분한 사람이 되어간다.

이른 아침, 잠자리에서 빠져나와 글을 다듬고 있는데 아들이 깼는지 부스럭 소리가 들린다. "엄마, 엄마" 하며 빼꼼히 문을 열고 나온다. 거실 한켠 노트북 앞에서 눈시울이 붉어진 내게 다가와

꼬옥 안긴다. 새로운 하루를 시작하기 전에 몸을 웅크려 내 품에서 엄마의 냄새를 새긴다. "우리 아들 잘 잤어요?" 그래, 내게는 기회가 더 남아 있다.

상처를 치유하기 위해 결혼을 하고 아이를 낳으라는 말은 아니다. 다른 방식도 얼마든지 있으며, 오히려 도피를 위한 선택이라면 말리고 싶다. 그러나 최소한 당신이 '~하지 않겠다'고 물러설 때, 그것이 주체적 선택이기를 바란다. 과거에서 배운 두려움 때문에 포기하는 것이 아니라, 당신의 영혼이 '나답게 살기 위해서 ~하지 않겠다'고 말하는 선택이어야 한다.

행복과 가깝게 지내보지 못한 사람들은 애초부터 나와는 상관없는 일로 취급하거나, 평화로운 일상을 경험할 때 오히려 불안해한다. '내가 이렇게 행복해도 되나?', '이러다 무슨 일이 크게 생기는 건 아닐까?' 싶어서 순간을 누리지 못한다. 당신이 겪어온 고통이 당신에게 문제가 있어서 벌어진 일은 아니듯, 오늘의 소소한 행복 역시 특별한 사람에게만 주어지는 것은 아니다. 행복은 어렵게 피우는 난꽃이 아니라 발길에 차이는 들꽃과 같다. 당신이 어떤 부모에게 컸든, 얼마나 많은 사람으로부터 외면당했든 상관없이 주어진다. 당신도 가져다 쓰면 된다.

내가 생각하는 행복은 뭔가 매일 즐겁고 재미난 일이 일어나는 만족의 상태가 아니다. 힘든 하루를 포기하지 않은 일이나, 그런 나를 다독이고 주어진 과제를 풀어가는 일 역시 의미 있는 행복에 포함된다.

우리는 행복할 자격이 있다. 태어난 것만으로도, 고난의 시간을 뚫고 살아낸 것만으로도 충분히 그렇다. 그것을 믿었으면 좋겠다.

아무도 상처 준 사람이 없다

이제 막 초등학교 1학년이 된 평범해 보이는 아이. 또래 친구들과 잘 어울리지 못하는 것 같다며 심리상담센터를 찾아왔다. 어머니와 상담 선생님이 이야기를 나누는 사이, 아이는 대기실에서 그림을 그리기 시작했다. 그리고 이내 색칠이 마음처럼 되지 않자 (사실 선이 조금 삐뚤어졌을 뿐이다) 몸에 밴 말투로 말했다.

"에잇! 그럼 그렇지. 내가 잘할 리가 없지."
"응? 무슨 말이야?"
"나는 늘 이렇게 실수를 해요. 동생은 안 그러는데…."
"네가 하면 실수를 하고, 동생이 하면 안 그런다고 생각해?"
"네, 엄마도 그렇게 말했어요."

'내가 잘할 리가 없지', 아이는 이게 얼마나 무서운 말인지 알기나 할까? 앞으로 조금 더 어려운 숙제를 하고, 새로운 친구를 사귀는 도전에 놓이는 순간마다 이 말을 꺼내어 자기를 주저앉힐까 봐 마음이 쓰였다.

　상담이 끝나고 전문가는 아이가 동생과의 비교 때문에 심리적 스트레스를 크게 받고 있다고 했다. 엄마는 다소 완벽주의 성향을 가지고 있어서 자녀의 실수에 필요 이상으로 민감하며, 비난형의 대화법을 사용하고 있는 것으로 보였다. 아이가 집에 있을 때도 안심하지 못하는 것 같다며 놀이치료를 권했고, 엄마에게는 양육 코칭을 시작해보자고 했다.

　그러나 엄마는 무슨 소리냐고 했다. 작은아이는 꼼꼼한 편이고 큰아이가 덜렁거리는 성격이라 걱정되어서 그런 거라고 설명했다. 차별이 아니라, 오히려 동생에게 밀려서 언니 구실을 못 할까 봐 챙기는 것이라고도 했다. 아이의 특성을 알아보려고 온 건데 다른 이야기를 한다며 만족하지 못하고 돌아갔다.

　누군가 "당신은 어려움을 가지고 있어요. 새로운 방식이 필요합니다."라고 말했을 때 자기성찰 능력이 있는 사람은 '제게 그런 면도 있지요'로 시작하지만, 자기방어가 먼저 작동하는 사람은 '제가요? 말도 안 돼요!' 한다. 이런 엄마의 반응은 더 걱정스럽다.

만약 싸늘하게 돌아나가는 엄마를 붙잡고 딸을 사랑하느냐고 묻는다면 되려 나를 이상한 사람 취급할 것이다. 너무나 당연한 물음이기에 그렇다. 하지만 사랑의 방식이 잘못되었어도 그것을 사랑이라고 부르기에 해결이 오히려 더 어려워진다. 특히 가족 사이에는 상처를 주는지 모르는 사이에 상처받는 경우가 많다.

아이를 보내고 나자 얼마 전 만났던 A 선배가 생각났다. 며칠 전 가족들과 돈 이야기를 하다가 멘탈이 와장창 깨져버렸다면서 상담센터로 찾아와 말했다.

"가족하고는 원래부터가 말이 안 통했지. 이번에도 뭔가 대단한 걸 바란 건 아니야. 그런데 가장 쓸쓸한 게 뭔지 아니? 우리 가족은 말이야… 상처를 준 사람이 아무도 없다."

선배의 긴 사정 이야기는 익히 알고 있었다. 그녀의 부모는 경제관념이 부족한 사람들이었다. 아버지에게는 도박 중독 문제가 있었고, 어머니는 몸이 자주 아팠다. 집은 늘 빚에 시달렸다. 선배는 어릴 때부터 아르바이트로 직접 자신의 생활비나 학비를 충당

했다.

힘들게 대학을 졸업하고 돈을 벌기 시작하자 가족들은 선배의 돈에 '본격적으로' 집착하는 모습을 보였다고 했다. 야근과 특근을 자처해가며 급한 돈을 갚았다. 그 와중에도 부모는 작은 장사를 시작해보겠다며 딸의 돈을 헐어갔다. 네가 갚는다고 해서 부모에게 빌려줬다는 전화도 받았다. 남동생은 다 커서도 밥벌이를 하지 않고 집에서 뒹굴고 있다. 엄마는 그 녀석을 정신 차리게 할 생각은 안 하고, 그 몫까지 장녀가 감당해야 하는 것처럼 굴곤 했다.

얼마 전에도 돈 이야기를 하다가 언성이 커졌다. 엄마가 모아둔 돈이 있냐며 같은 소리를 꺼냈고, 딸은 미안한 마음도 안 드냐고 대꾸했다.

"나도 결혼해야지. 내 걱정은 안 해? 이렇게 늙어 죽길 바라냐고!"

앞으로 동생 용돈도 줄 수 없으며, 내게 희생을 강요하지 말라고 소리쳤다. 자식을 은행처럼 생각하는 태도에 참을 수가 없었다고 했다.

그녀를 무너지게 한 것은 가족들의 반응이었다. '네가 힘들어하는지 몰랐구나' 하던 표정과 '가족끼리 그 정도 희생을 억울해하니' 하는 모습을 보면서, 이 집안은 상처를 받은 사람은 있고 준 사람은 없다는 생각이 들었다고 했다. 가슴이 아팠다. 화를 내는 것보다 체념이 더 슬퍼 보였다. 선배가 가족 앞에서 느꼈을 고립감이 어떤 것인지 알 것 같기도 했다.

잘못된 배역, 잘못된 캐스팅

심리상담을 받기 시작한 지 3개월 정도가 지났을 때 엄마와 같이 밥을 먹다가 나는 말했다.

"엄마, 심리상담 알지? 마음이 아플 때 전문가랑 이야기하면서 치유하는 거. 나 그거 시작했어. 어릴 때부터 쌓여온 마음의 상처가 많은 것 같아."

엄마는 "그래? 네가 그런 게 있었어?"라고 했다. 그게 다였다. 엄마의 무뚝뚝한 성격 때문이기도 했지만, 그런 상처가 있다는 것을 정말 몰랐다는 느낌이었다. 예상은 했지만 정작 보니 허탈했다.

또 언젠가는, 아마도 내가 일하느라 밖으로만 돌고 집안 살림에는 신경을 잘 안 쓴다는 흉을 보려고 했던 것 같은데 엄마는 이렇게 말했다.

"사실 재가 뭐 돈 때문에 좀 그렇기는 했어도 어릴 때 험한 일 같은 거는 안 했지. 고생 별로 안 했어."

그 말을 듣자 머릿속이 댕 하고 울렸다. 엄마가 말하는 고생은 도대체 뭔가, 다른 나라 말인가 싶었다.

수십 년간 깊은 지하실에서 이불을 뒤집어쓰고 밤새 흘린 눈물을 가족이 모른다고 생각하니 초라하게 느껴졌다. 다른 사람에게는 '그날 비가 왔었나'처럼 시시한 일이 된다는 것이 허무했다. 누가 알라고 흘린 눈물은 아니었는데도, 공동연대 책임자 정도 되는 사람들이 나 몰라라 하니 기가 막혔다.

이런 일은 왜 생길까? 누군가는 상처를 받았는데, 상처 준 사람은 기억하지 못하는 일. 때로는 가족이라는 대의를 위해 개인의 상처를 감당하라고 뻔뻔하게 강요하는 이유 말이다.

가족치료 분야에는 '가족신화'라는 개념이 있다. 오랜 시간에 걸쳐 형성된 가족 혹은 가족 구성원에 대한 왜곡된 신념과 기대 같은 것을 말한다.

예를 들어 '부모는 돈 벌 능력이 없다'는 가족신화가 있는 집에서는 부모 말고 다른 가족 구성원이 경제활동을 책임지도록 분위기가 조성된다. 자식들 중 한 명이 그 역할을 대신 맡는다. 시간이 지나면서 '우리 집 문제는 큰딸이 해결한다'는 가족 규칙이 형성되고, 매일 조금씩 자신들의 신화와 규칙에 적응해가면서 단단하게 결속된다.

그러나 그 안을 들여다보면 '희생양'이 존재한다. 가족의 시스템이 깨지지 않도록 버티고 있는 사람, 상처를 감수하면서 혈육 공동체를 지키려는 구성원이 있다. A 선배처럼 말이다.

각자의 역할을 자연스럽게 받아들이게 된 가족의 신화와 규칙 안에서는 더 이상 미안한 사람이 존재하지 않는다. 정해진 배역에 따른 일이었다고 받아들이기 때문이다. 생각해보면 당신도 나도 살면서 가정에서 특정 역할을 담당해왔다. 어떤 자식은 '부모화' 된다. 무능력한 부모가 자리에서 내려오고 자녀가 부모의 자리에 올라간다. 사고는 부모가 치고 해결은 자식이 하는 집안을 어렵지 않게 볼 수 있다. 어떤 자식은 큐피드 노릇을 한다. 부부간에 문제가 생기면 둘이서 풀지 못하고 아이를 끌어들이는 경우 말이다. 일종의 삼각관계를 만들어 아이가 부모를 화해시킨다.

또 어떤 자식은 문제아 역할을 한다. 아프거나 일탈행동을 하거나 해서 가족을 똘똘 뭉치게 한다. 매일 싸우던 부모가 아이가 아프면 병원을 오가면서 힘을 모으거나, 사춘기 방황이 심한 아이 때문에 자신들의 갈등은 뒤로 밀어두는 경우가 그렇다. 또 다른 자식은 떠돌이 역할을 담당한다. 가정으로부터 떠나 먼 거리를 유지하면서 살아가기를 선택한다.

　많은 자식들이 역기능적인 역할임에도 불구하고 '나 이제 그만 할래' 하면서 손들고 나오지 못한다. 자신이 빠져나가고 나면 겨우 유지되고 있던 가족의 형태가 무너질까 봐 겁이 난다. 나는 A 선배가 또다시 엄마에게 통장을 내밀면 어쩌나 걱정했다. 가족의 책임을 대신 짊어지는 잘못된 배역에 캐스팅되었다는 것을 깨닫지 못할까 봐.

　나는 어릴 때부터 '애어른'이라고 불렸다. 내게 주어진 배역이었다. 아파도 아프다고 하지 않고, 슬퍼도 하늘 보며 눈을 꿈벅이면서 주먹 꽈악 쥐어가며 참았다. 사람들이 하나같이 철없다고 눈을 흘기는 아빠를 안아주고 위로해주는 딸이었다.

　이런 기억이 있다. 옛 추억이 돋을 만큼 장대비가 쏟아지는 날이나, 마음이 휘청거릴 만큼 바람이 세차게 때리는 날이면 나는 땡그랑 동전지갑을 들고 집 앞 구멍가게로 달렸다. 그곳에서 초록색 병의 막걸리 한 통과 아빠가 제일 좋아하는 야채 크래커를 고른다. 돈을 채우고 집으로 돌아와 술상을 준비한다. 그래 봐야 쟁반에 올려두는 것이 전부지만 아빠에게 내밀고 옆에 바짝 앉는다.

　아빠는 좋아했다. 딸이 야금야금 야채 크래커를 집어 들고 녹여

먹는 동안, 내가 이 맛에 산다는 표정으로 막걸리 한 통을 다 비워낸다. 한 술 한 술 들어갈 때마다 그놈의 옛날이야기가 시작된다. 떠나간 엄마 이야기, 아빠를 속인 친구 이야기, 잘나가던 군대시절 이야기. 그렇게 한 바퀴를 다 돌 때까지 딸은, 아이의 얼굴에 들어선 늙은이의 마음으로 가만히 듣고 앉았다. 지금 생각해보면 과자 사달라고 조르는 게 더 어울리는 나이였다.

아빠가 살아계실 때 서운한 마음이 들 때면 '싸가지 없다'는 말을 쓰곤 했는데, 나는 유독 그 말을 듣기 싫어했다. 그건 아마도 '싸가지 있는 딸'이 되고 싶어서였을 것이다. 아빠가 원하는 딸의 모습으로 살면서 그의 인생을 위로하고 싶었다. 때때로 나의 인생을 만들어가는 것과 아빠의 기대에 부응하는 딸 사이에서 방황하곤 했다.

그러나 이십대 후반쯤 되었을 때, 원하는 삶을 만들어가려면 '기특한 딸'의 역할부터 그만두어야 한다는 것을 깨달았다. 그사이 부모와 다른 방식으로 살아가는 어른들을 만나고, 다양한 책을 읽고, 타인의 인생을 함께 걸으면서 내가 인생의 감독이라는 것을 알았다. 어쩌다 맡게 된 배역을 그만두어도 된다는 용기도 배우게 되었다.

첫 직장을 다닐 때 가족들은 나의 돈봉투를 기다렸다. 일을 시작하면서 집안에서 내 위상이 달라졌다는 것을 느꼈다. 빌린 돈을 갚느라 매일 일수 도장을 찍던 엄마에게 미안했지만 돈을 모아 대학원에 갔다. 생존이 아니라 성장을 위해서 돈을 쓰기 시작했다. 아빠는 "쟤한테 돈이 들어가면 똥구멍으로도 안 나와."라고 했다. 한 직장에 오래 있어야 월급도 오르고 한다면서 안정적인 회사에 계속 다니기를 바랐을 때도, 하고 싶은 일이 있다며 연봉을 줄여 회사를 옮겼다. 그때 누군가는 '부모한테 저러면 안 되지' 했을 것이다.

얼마 전, 지하철 스낵코너에서 야채 크래커를 만났다. 외상도 해줄 만큼 정이 깊던 슈퍼 아줌마 대신 냉정한 동전 투입구였지만. 반가웠다. 그러나 그놈도 많이 변해 있었다. 포장이 업그레이드되었고 몸값도 올랐다. 옛 시절을 묻지 말란 듯이 몰라보게 화려해졌다. 더는 그 맛의 야채 크래커가 아니었다.

그때 '애어른'의 역할을 그만두지 않았다면 지금도 부모를 원망하며 내 인생은 다 어디 갔냐고 한탄하고 있을 것이다. 결국 내가 떠날 용기를 내지 못했다는 것을 인정하지 못했을 것 같다. 엄마가 '우리 딸 TV 나왔다'며 다른 할머니에게 자랑할 때 '예전에 부모 말 안 듣기를 참 잘했다. 엄마는 그거 모르겠지' 하고 생각한다.

가족이 당신에게 맡긴 배역은 무엇인지, 여전히 그 역할을 원하는지 묻고 싶다. 육체가 다르면 느끼는 통점이 다르다. 당신의 고통을 다른 사람은 잘 모른다. 억울할지 모르지만 원래 그렇다. 이제 그만 짜여진 각본에서 빠져나오면 어떨까? 당신이 새로 시나리오를 쓰고 원하는 배역을 따내기 위해 수많은 오디션에 도전했으면 좋겠다.

타인의 고통 앞에서

"전 이런 이야기 원래 잘 안 해요. 예전에 친한 친구한테 한 번 했다가 사람들이 감당하지 못한다는 것을 알았거든요."

A는 나의 이런저런 가정사를 들었다며 기억하고 싶지 않은 어린 시절을 털어놓았다. 그녀의 밝은 미소 뒤에는 부모의 불화와 형제지간의 슬픈 사연이 있었다. 자신은 잘 울지 못한다고 했다. 태어나 처음으로 친구 앞에서 고백했을 때, 어쩔 줄 몰라 하는 눈빛을 보면서 다른 사람들 앞에서 눈물을 보이면 안 된다는 것을, 그것이 누군가에게 짐이 될 수 있다는 것을 알았다고 덧붙였다.

실제로 그녀는 잘 울지 못했다. 이야기를 나누는 동안 흐트러진 모습을 만들지 않으려는 것처럼 느껴졌다. 약해져도 되는 순간에 오히려 힘을 주었다. 연인이나 친구가 위로받고 싶어 할 때도 "에

이, 지금 우는 거야? 뭐 그런 일 가지고 그래!" 하게 되었다. 깊은 감정으로 함께 빠져드는 일이 무섭다고 했다.

예전에 만났던 B는 과거사를 꺼내봤다가 단단히 후회한 적이 있다는 이야기를 들려주었다. 함께 일한 지 수년이 되어가는 선배에게 어린 시절에 먼저 세상을 떠난 형 이야기를 꺼냈다. 형의 몫으로 살아야 했던 버거움과 회복되지 않은 부모에 대한 상처를 이야기했다. 그러자 선배는 네가 아직 모르는 게 있다며 B의 말을 낚아채어 갔다. 어린 아들을 키우는 선배의 말은 하나도 틀린 게 없었다. 그러나 B는 자리를 뛰쳐나오고 싶은 것을 겨우 참았다고 했다.

물론 나도 마찬가지다. 과거의 기억을 꺼내면서 힘들어할 때 어떤 친구가 "그래도 너는 아빠가 살아 있기라도 하지."라고 시작하길래 더하지 못했다. 돌아가시고 나서 후회하지 말고 있을 때 잘하라는 사람 앞에서는 고개를 끄덕이지만 "당신과 나눌 이야기는 아니군요."라고 말했다.

이런 사연들 앞에 설 때마다 타인의 고통 앞에서 무엇을 해야 할지 모르는 사람이 많다는 것을 알게 된다. 위로받은 적이 없는 사람은 누군가를 위로할 수 없다. 위로라고 하는 노력들이 오히려 상처를 덧나게 하는 경우가 많다.

생명은 자라면서 다친다. 피를 흘리거나 붕대를 감고 있듯이 눈에 보이는 것들이 아니어서 대개 골든타임을 놓친다. 가족 안에서 치유되지 못한 채로 학교에 다니고, 일을 하고, 동호회 활동에 참여한다. 어른이 되면 제일 좋은 가면을 쓰고 사람들과 같이 밥을 먹고, 책에 관해 토론하며, 연예인의 가십을 이야기한다.

그럴 때 상처 입은 사람들끼리 위로의 대화를 할 수는 없는 걸까? 부담스럽게 치유까지는 아니더라도 '괜히 말했다', '역시 아니야' 하게 만들지 않을 수는 없나 고민하게 된다. 정신과를 찾아 약물치료를 하고 상담실에 와서 긴 이야기 여행을 떠나는 것도 필요하지만, 바로 앞에 앉은 사람들이 해줄 수 있는 응급처치가 있다. 상담실에 찾아오는 사람들은 그 한 사람을 만나지 못해서 온다.

타인의 고통 앞에 섰을 때 도움이 될 만한 세 가지 원칙을 소개하려고 한다. 누군가 당신 앞에서 "사실 너에게 하지 못한 이야기가 있는데…"라고 할 때 부디 떠올려 활용할 수 있기를 바란다.

1. 호들갑을 떨지 않는다

예를 들어 친한 친구가 당신에게 "나 요즘 종종 죽으면 마음이 편해질까 생각해. 예전에는 자살하는 사람들 진짜 이해 못 했는데 이제는 그 심정을 알 것도 같아."라고 말했다고 해보자. 당신은 뭐라고 답할까?

내가 생각하는 최악의 답은 "뭐라고? 그런 극단적인 생각을 했다고? 그런 나쁜 말이 어디 있어!" 하면서 죽음과 자살이라는 단어에 까무러치게 놀라는 일이다. "부모를 죽이고만 싶어."나 "내 인생을 망치더라도 복수하고 싶어."와 같은 말 앞에서도 마찬가지다.

인간이 느끼는 모든 감정에는 이유가 있다는 말을 기억할 것이다. 죽음 역시 마찬가지다. 정신질환자나 심약한 영혼의 소유자만 느끼는 병이 아니라, 살면서 누구나 한 번쯤은 떠올려보는 자연스러운 감정이다. 그렇게 놀란 토끼 눈을 할 일이 아니다. 만약 당신이 말 자체에 압도되어버리면 친구는 아마도 "에이, 괜한 이야기를 했네. 신경 쓰지 마. 아무 일도 아니야." 하고 말 것이다. 그리고 다시는 꺼내지 않을 것이다.

이런 순간에는 단어에 매달리지 말고 사람을 봐야 한다. '자살이 이해될 만큼 어떤 고통 속에 빠져 있다'고 들어야 한다. 친구가 겪는 통증의 정도를 더 알고 싶다는 마음으로 대화를 시작하면 좋다. 어수선하게 말을 덧붙일 필요 없이 "죽으면 편해지겠다는 생각이 들 정도로 힘들었구나." 하면 된다.

너무 쉽게 이해한다거나 무슨 말인지 알겠다고 취급하지 않았으면 좋겠다. 자살협상 전문가로 활동하는 이종화 대표는 한 강연에서 이런 말을 한 적이 있다. 경찰이 자살소동을 벌이는 현장에 출동했을 때 가장 많이 하는 말이자 동시에 하지 말아야 할 말은 "이해합니다", "진정하세요", "그만 나오세요"라고. 그러면 상대는 "이해하긴 뭘 이해해!", "네가 뭘 알아!", "너 같으면 나오겠냐!" 한다는 것이다. 그것은 그들이 듣고 싶은 말이 아니라, 해결사들이 하고 싶은 말이기 때문이다. 이종화 대표는 결정적인 순간에는 설득하려 들지 말고 이렇게 말하자고 했다.

"화가 나 보이네요. 무슨 일이 있었나요?"
"슬퍼 보이네요. 당신의 이야기를 더 듣고 싶어요."

2. 마음에 관하여 더 질문한다

이종화 대표의 이 제안이 바로 타인의 고통 앞에서 기억해야 할 두 번째 원칙, '마음에 관하여 더 질문하기'이다. 친구는 정말 죽음을 계획해보았을 수도 있고, 아니면 그 정도로 외로우니까 관심을 가져달란 것일 수도 있다. 묻기 전에는 아무것도 알 수 없다. 중요한 것은 자신을 더 드러내고 싶어 한다는 것이다.

"언제 그런 생각이 들곤 해?"
"네가 어떻게 느끼고 있는지 더 알고 싶어."
"그렇게 말할 때 네 마음은 어떠니?"

사람은 누울 자리를 보고 다리를 뻗는다. 자기 이야기를 버텨낼
수 있는 사람인가를 확인하고 싶어 한다. 담담하게 고통 가까이에
다가오는 사람을 보면 서서히 자신에게 집중하게 된다. '사람이
살다 보면 말이야' 하면서 제발 당신의 말을 늘어뜨리지 말자.

할 수 있다면 "내가 어떻게 도와주면 좋을까?"라고 물어주면 좋
겠다. 입 다물고 이야기를 더 들어주기를 원하는지, 응원을 받고
싶은지, 앞으로 자주 연락해주길 바라는지 고르게 할 수 있다. 나
는 주변에서 고민상담을 해올 때 "그냥 듣고 있을까? 질문이 필요
하니? 아니면 조언이 필요한 순간이니?"라고 대놓고 묻기도 한다.

3. 말해줘서 고맙다고 말한다

세 번째 원칙은 대화를 마치고 나면 "말해줘서 고마워. 네 마음
을 더 잘 이해하게 되었어."라고 말해주면 좋겠다. 이런 경험이 있

을 것이다. 비밀을 털어놓고 집에 돌아가는 길에 괜히 오바했나 하고 걱정했던 일 말이다. 나를 다르게 보지 않을까, 괜히 신경 쓰게 한 건 아닌가 싶어 좀 전의 장면을 복기해보게 된다. 그럴 때 너의 마음을 알게 되어 우리가 더 가까워진 것 같다고, 나를 믿어주어 고맙다고 말해주면 안심이 된다. 조용한 위로가 마음 안에 꽉 들어찬다.

나의 하루도 고단한데 위로에 나서는 일이 부담스럽게 느껴질 수 있다. 듣고 나면 사는 것이 먹먹하게 느껴지고 나까지 우울해진다. 하지만 '경계'를 잘 몰라서 하는 이야기다. 상담사가 하루에도 수많은 사람들의 고통을 듣고도 집에 가서 아이들과 깔깔 웃을 수 있는 이유는 그들이 냉정하기 때문이 아니다.

사람과의 관계는 '불'에 비유할 수 있다. 온기를 쬘 수 있을 정도로만 다가가고, 타지 않을 정도로 물러서는 거리를 유지하라는 뜻이다. 누군가의 상처를 알게 되었다고 해서 그를 불쌍하게 여길 이유도, 동정할 필요도 없다. 상처가 없는 사람은 없다. 그것을 숨기는 사람과 입 밖으로 꺼내어 알릴 수 있는 사람이 있을 뿐이다.

원하지 않는 책임감을 발휘하는 것도 경계 위반이다. 당신도 알겠지만, 누군가의 고통에 우리가 할 수 있는 일은 별로 없다. '내가 듣는 거 말고는 해줄 수 있는 게 없다'는 말을 종종 듣는데 사실 그게 전부다. 겁내지 않고 상처를 자꾸 꺼내어 조각낼 수 있도록 시간과 마음을 써주는 일 말고는 없다. 위로에도 최적의 거리가 있다. 그것을 찾지 못하면 다른 사람의 이야기는 외면하고 싶어진다.

누군가를 위로하는 한마디

나의 이전 책《말 그릇》이 넓게 사랑을 받으면서 많은 독자들의 후기를 이메일로 받았다. 그중에서 기억에 남는 사연이 있다. 한 독서동호회 모임에서《말 그릇》을 함께 읽으면서 인상 깊은 구절을 필사하고, 책 속 문장들과 더불어 자신들의 이야기를 나누는 시간을 가졌다고 한다.

그중에서 한 중년 여성 회원이 평생 아버지로 인해 고통받았다고 고백했다. 모든 불행의 원인이 아버지라고 생각했다는 이야기에 모두 가슴이 아팠다. 그녀는 90세가 넘은 아버지가 돌아가시기 전에 미안하다는 한마디를 해준다면 가슴에 쌓여 있던 응어리가 다 풀릴 것 같다며 울었다. 그때 옆에 있던 남성 회원이 한마디를 건넸다.

"제가 당신의 아버지라고 생각하고 선물을 하나 주고 싶은데 괜찮을까요?"

"네, 좋아요. 주세요."

"딸아… 미안하다."

함께 있던 사람들이 모두 놀랐다고 한다. 무뚝뚝하고 자기표현이 서툰 분이셨기에 그 한마디에 담긴 진심을 느낄 수 있었다고, 낯선 타인이 주는 엄청난 위로의 힘을 느꼈다고 했다.

또 다른 회원 역시 어릴 적 상처로 남아 있는 한 장면을 이야기했다. 그녀는 부모님에게 칭찬을 들어본 기억이 없다고 했다. 어떤 일을 하더라도 잘못된 점만 나무라셨다면서 가슴 먹먹한 이야기를 꺼냈다. 그러자 이번에는 아버지에게 사과받고 싶다던 좀 전의 여성 회원이 말했다.

"이번에는 제가 선물을 나누고 싶어요."

"네… 좋아요."

"너는 나의 자랑스러운 딸이란다. 사랑한다."

엄마의 사랑을 확인하고 싶었던 노년의 회원은 결국 울음을 터트리고 말았다. 곧 울음바다가 되었다. 우리는 평생 딸을 외면한 90세 아버지도 아니고, 칭찬에 인색했던 엄마도 아니지만 이렇게 누군가를 위로할 수 있다. 타인의 고통 앞에서 함께 손을 잡을 수 있다.

지금 이 글을 쓰는 카페 안에서도 사람들은 테이블에 마주 앉아 무엇인가를 쉬지 않고 이야기한다. 비즈니스를 나누기도 할 것이고, 힘든 육아에 대해서 또는 불안한 미래에 대해서 흘려보낼 것이다. 눈을 마주치고 종종 고개를 끄덕이는 그들 사이에 공허한 이야기만 맴돌지 않았으면 좋겠다. 때론 상처가 드러나고, 안전한 길을 따라 위로가 싹틀 수 있기를 바라본다. 아무리 생각해도 사람이 사람에게 채워주는 위로 없이 백 년의 시간을 버텨낼 재간이 없다.

다시 보이는 것들

나는 길을 걷고 있었다.

길에는 깊은 구멍이 있었다.

난 그곳에 빠졌다.

난 어떻게 할 수가 없었다.

그건 내 잘못이 아니었다.

길을 찾는 데 한참의 시간이 걸렸다.

나는 똑같은 길을 걷고 있었다.

길에는 깊은 구멍이 있었다.

난 그걸 못 본 척했다.

난 다시 그곳에 빠졌다.

똑같은 장소에서 또다시 빠진 것이 믿어지지 않았다.

하지만 그건 내 잘못이 아니었다.

그곳을 빠져나오는 데 또다시 오랜 시간이 걸렸다.

나는 똑같은 길을 걷고 있었다.

길에는 깊은 구멍이 있었다.

난 미리 알아차렸지만 또다시 빠졌다.

그건 이제 하나의 습관이 되었다.

난 비로소 눈을 떴다.

내가 어디 있는가를 알았다.

그건 내 잘못이었다.

난 얼른 구멍에서 빠져나왔다.

나는 똑같은 길을 걷고 있었다.

길에는 깊은 구멍이 있었다.

나는 그 둘레로 돌아 지나갔다.

난 이제 다른 길로 가고 있다.

미국의 유명 가수이자 배우, 작가이기도 한 포샤 넬슨의 〈짧은 다섯 장의 자서전)이다. 오래전 이 글을 처음 읽었을 때 산다는 것 그 자체가 언제나 시행착오의 방식으로 우리에게 깨달음을 준다고 생각했다.

우리는 저마다 마음의 구멍 하나쯤은 가지고 살아간다. 예전에 어떤 자조모임(공통된 문제를 가진 사람들이 모여 마음을 치료하는 모임)에서 각자 서로의 구멍 이야기를 꺼내던 중에 "왜 저만 이렇게 인생이 고통스러운가요!"라고 말하는 한 여성에게, 그룹을 이끌던 리더는 "주위를 둘러보세요. 당신과 같은 사연은 반도에 천지랍니다"라고 말해서 모두 울다가 웃었다는 이야기를 들은 적이 있다. 서로 몰라서 그렇지 아픈 사연 하나 없는 집은 없다는 말을 들었을 때 이상하게 위로가 되었다고 했다.

삶의 한가운데 나 있는 구멍으로부터 자유로운 사람은 없다. 내 잘못이 아니기에 모른 척해보기도 한다. 그럴수록 더 자주 수렁 속으로 빠져들었다. 네가 이기나 내가 이기나 해보자면서 구멍을 메꿔보려고 애를 쓰던 때도 있었다. 하지만 구멍을 들여다보며 살수록 그 안으로 더 크고 소중한 것들을 가져다 바쳐야 했다. 구멍은 만족을 몰랐다.

당신은 지금 어디쯤 있을까?

구멍에 빠져 당황해하면서 왜 내가 이런 꼴이 되어야 하냐며 저주를 퍼붓고 있을까? 같은 일이 반복될 때마다 자책하며 괴로워하고 있을까? 아니면 이제야 결국 인생이란 책임을 받아들이고자 할 때 화해가 시작된다는 것을 알아차리게 되었을까? 그러다 더 이상 빠지지 않고 돌아가는 방법을 찾았을까? 혹 이미 구멍으로부터 먼 곳에서 자신만의 길을 걷고 있을까?

나는 자신만만하게 뛰어놀다가도, 다음 날에는 갑작스럽게 나타난 구멍에 깜짝 놀라서 '어… 어… 어…' 하며 휘청거리다 다시 중심을 잡는다. 따뜻한 미소를 짓고 말보다 사람을 볼 줄 아는 속 깊은 사람처럼 살다가도 '왜 저 사람은 그런 말을 했을까' 하고 지난 시간을 억지로 붙잡아두느라 속이 시끄러운 날도 있다.

그런데 재미있는 것은 그럴 때마다, 옛날에 다니던 초등학교에 들렀을 때 '운동장이 이렇게 작았었나' 할 때의 마음처럼 구멍의 크기가 다르게 느껴진다. 울음을 집어삼킬 만큼 어둡고 깊게만 느껴졌던 구멍이 이전만큼 그렇지 않다. 몸이 커졌고 키가 훌쩍 자랐다. 제자리걸음인 줄로만 알았는데 어느새 그곳으로부터 제법 떨어져 서 있었다.

그러자 이전에는 보이지 않던 것들이 시야에 들어온다. 그때는 구멍과 나의 관계만이 전부였고, 한쪽 눈으로 적을 노려보느라 볼 수 없었던 것들이 자란 키만큼 보이기 시작했다.

무엇보다 구멍 주변에는 사람들이 있었다.

한 아이가 자라는 데는 온 마을이 필요하다는 말이 있다. 그러나 나는 홀로 구멍으로부터 빠져나오기 위해 필사의 몸부림을 친다고만 생각했다. 아빠와 엄마가 몸부림치며 싸우던 날 나를 도와준 사람은 아무도 없었던 것처럼, 세상 모든 사람들은 자신의 행복에만 관심이 있을 뿐 불쌍한 아이에게 베풀 진심은 없다고 여겼다.

그러나 잊고 있었던, 결이 고운 어른들의 뒷바라지가 있었다. 그때는 의심하고 경계하느라 마음껏 받아들일 수 없었지만 사람들은 자신이 가진 관심의 흙을 조금씩 채워서 구멍을 메꾸어주고 있었다.

"우리 딸이 좋아하는 코트란다. 이제는 네가 입어주면 아주 기쁘겠구나."

한겨울에도 얇은 교복 단벌에 어깨를 움츠린 나를 가엽게 생각한 교회 목사님은 딸이 아끼던 회색빛 양털 코트를 내밀었다. 창피하지 않은 코트를 가져본 것이 처음이었다. 사춘기 소녀의 마음으로 조심조심 건너오려던 말과 표정들이 기억난다.

그해 겨울, 그다음 해 겨울도 당당히 겨울을 맞았다. 신기하게
도 코트는 바람만 막아주는 것이 아니라, 어깨를 단단히 펼 수 있
도록 도왔다. 그러나 나는 목사님 앞에서 기뻐하지 않았다. 할머
니 뒤를 찾으며 '받아도 되는 건가' 생각했던 것 같다.

"우리 집에 놀러 오지 않을래? 선생님 일도 좀 도와주고."

나는 성적이 꾸준한 학생이었다. 죽일 놈의 수학 빼고는. 기본기
가 너무 없어서인가 실력이 늘지 않았다. 그때 담임선생님은 짧은
커트 머리에 중성적인 목소리가 매력적인 여자였다. 선생님은 어
느 날 나와 다른 친구 한 명을 집으로 초대했다. 얼떨결에 가긴 했
는데 그런 일은 처음이라 불안했다. 뭔가 먹고 마시다가, 뜻밖에도
선생님은 같이 수학공부를 해보자고 했다. 어려운 문제들을 선생
님이랑 연습해보자고, 돈을 낼 필요는 없다는 설명도 들었다. 같이
온 친구도 나처럼 학원 다닐 형편이 안 되어 보이는 아이였다.

기억에 집에 몇 번 오간 것 같다. 그러나 진짜 돈을 가져다드리
지 않아도 되는 건지 불편했다. 정말 돈을 내지 말라는 것은 정말
내라는 뜻은 아닐까? 이렇게 염치없는 아이가 되어도 되는 건가
를 따지다가 곧 그만두었다.

학교에 내야 하는 육성회비도 이름을 숨긴 후원자가 도와주어 고비를 넘겼고, 주변에서 책이며 학용품 같은 살림들도 베풀어준 덕분에 도망가지 않고 학교를 마칠 수 있었다. 심장이 하나인 아이 혼자서는 버틸 수 없었던, 쉽지 않았던 시절을 견뎌낼 수 있도록 해준 많은 분들의 온정이 있었다.

돌아보면 기적이다. 그러나 그때 나는 기적을 믿지 않는 축에 속했다. 상담을 하다 보면 나와 비슷한 사람들이 많다. 여전히 누군가의 선의에 가시를 세우고 '내게 뭘 바라는 거지', '이유 없이 왜 잘해주는 건가' 하는 사람도 있고, '실체를 알고 나면 변할 거야. 나는 그렇게 좋은 사람이 아닌데' 하면서 먼저 떨어져 나가려는 사람도 있다.

불교에는 "셀 수 없이 많은 인연들의 마주침으로 존재한다."는 말이 있다. 《중론》이라는 책에서는 모든 존재가 자성(自性), 스스로의 힘만으로 서 있는 것이 아니라 수많은 인연이 만나고 헤어지면서 만들어지고 흩어진다고 했다.

인생은 나와 구멍과의 관계로 구성되어 있지 않다. 그 구멍은 또 다른 구멍들과 수없이 연결되어 있고, 더 많은 사람들과 이어져 있다. 예전에는 부모의 도움 없이 스스로 성공했거나 집안을 일으켜 세운 사람을 부를 때 쓰는 말, '자수성가'했다는 사람을 볼 때 그의 능력과 노력에 감탄했었다. 그러나 이제는 누군가가 주었을 대가 없는 기회와 조용한 응원, 먼 곳에서 보내온 박수들에 대해서도 생각해보게 된다. 생명은 본래 그렇게 자란다.

아빠의 위대한 유산

내가 아주 어렸을 때부터 우리 집에 전해 내려오는 신화랄까 그런 게 있다. 한날 아빠는 한의원에 딸을 데리고 갔다. 한의사는 점술인지 주역인지를 함께 보았는데, 그는 "딸 이거 하나유?" 하면서 생일이며 태어난 시를 꺼내보라고 했다.

"이 딸이 효도하겠네. 나중에 커서 비행기 타고 다니겠어. 공부도 오래 하겠어. 잘 키워."

아빠는 그 말을 꼭꼭 쥐고 살았다. "너는 비행기 타고 다니며 살 거야. 잘될 거야."라고 말했다. 술이 얼큰한 날에는 숨겨진 보석을 만지듯 그 말을 더듬었다. 콩나물시루에 물을 붓듯이. 나는 듣는 둥 마는 둥 하면서도 그 믿음을 고이 받으며 자라났다.

오늘처럼 비행기를 타고 바다를 건너 일하러 가는 날이면 아빠 생각이 난다. 그 오랜 믿음은 딸을 지켜냈다. 잘난 부모도, 못난 부모도, 돈 많은 아비도, 돈 없는 아비도 믿음으로 아이를 키우는 것은 다 똑같다. 그 힘으로 아이가 일어나는 것은 다 비슷하다.

아빠로부터 받은 것이 없다고 생각했다. 빚이나 남겨두지 말지 했다. 그러나 부모 없이 태어난 자식은 없듯이, 유산 없이 세상에 보내는 부모는 없다. 어떤 부모는 건물이나 숨겨둔 땅을 뚝 떼어 남기기도 하겠지만, 더 많은 부모들은 자식이 세상을 살아가는 동안 조금씩 보물찾기하듯이 부모가 남긴 선물을 찾아내면서 살아가게 한다. 그것은 숨겨둔 자의 몫도 있겠으나 찾는 자의 실력이 요구되는 일이다.

나는 아이들과 잘 논다. 레슬링하고, 베게 싸움하고, 툭하면 탁자 밑에 장롱 안에 화장실 문틈에 숨어 있다 놀래키고, 같이 멍멍이도 되었다 암탉도 된다. 남편은 어떻게 그렇게 하느냐고 묻는데, 그렇게 익혀진 것이다. 육아 책에 설명되어 있지 않은 것. 그러니까 꼭 아빠가 하던 거였다. 아빠는 개구쟁이처럼 친구처럼 나와 같이 자랐다. 이불을 뒤집어쓰고 귀신놀이도 하고, 기분 좋은 날에는 개다리춤도 쌍으로 추고, 길거리에서 번갈아 엉덩이도 흔들면서 나를 키웠다.

눈물이 많고 사람냄새 좋아하는 심성도 그에게 물려받았다. 무슨 일을 시작하면 두통을 앓고 마는 꼼꼼함과 다시 오뚝이처럼 일어나 세상을 향해 웃을 수 있는 노력형 낙관주의의 얼굴도 아빠를 닮았다. 복이 달렸다는 복코, 그에 비해 아담한 입, 걸을 때 살짝 스치는 안짱다리는 또 어떻고.

고비 때마다 아빠가 주지 못한 것에 대해서 생각했다. '그것'이 무엇인지 정확히 모르면서도, 그 좋은 것만 있었어도 이렇게 인생이 힘겹지 않았을 거라며 한탄했다. 그래서 어버이날 카드에는 매번 '낳고 키워주어서 고맙다'고 했지만, 바람직한 문구라서 적은 거지 진짜 무엇이 고마운지 조목조목 쓸 수는 없었다. 그때 말할 수 없던 것들이 이제야 짝이 맞추어진다.

혼자 잘나서 남은 행운을 누리고 있는 것이 아니라는 것을 절절히 깨달아간다. 나이가 찰수록 감사 기도가 늘어가는 것은, 정말 좋은 일들이 매일 생겨서가 아니라 키가 자라면서 이전에는 몰랐던 것들이 보이기 때문일 것이다. 나도 누군가의 구멍에 할 수 있는 만큼의 흙은 채우고 싶다. 그 누군가도 훗날 자신이 받은 행운의 쪽지를 발견할 수 있도록 말이다.

오래 울었던 당신에게

'나의 인생'이라는 워크숍에 참석했을 때의 일이다. 조별로 모여 앉아 어린 시절의 경험을 나누고 위로하며 한 해를 마무리하는 자리였다. 한 사람의 인생은 한 권의 책과 같다고 하는데, 장르가 다른 이야기들이 정답게 오고 갔다.

내 차례가 되었다. 어디서부터 시작해야 하나. 이제는 상관없는 지난 이야기마냥 보따리를 풀었다. 씩씩한 목소리에는 '이제는 어느 정도 극복했다, 괜찮다'는 성장 드라마의 마음도 있었다. 그리고 옆에 앉은 한 여자. 두 아이의 엄마라는, 웃음이 많고 눈매가 고운 여자가 있었다. 그녀도 차례가 되자 이야기를 시작했다.

"저는 어릴 때부터 너무나 받은 것이 많았어요."

돈이 있었고, 불쌍한 아이를 보면 집까지 쫓아가서 코트를 입히는 사랑이 많은 부모님이 있었고, 지금까지도 우애가 절절한 삼남

매가 있었다. 공부 안 해도 성적이 잘 나오는 머리 좋은 아이였다
고 했다.

주어진 것들이 많아서 딱히 원하는 것도, 간절하고 절절하게 바
라는 것도, 무슨 일이 있어도 꼭 이루어야 한다 싶은 꿈도 없었다
고 말했다. 나만 그런가, 명치끝이 찌르르 불편했다. 누구나 각자
의 짐을 지고 산다고 하지 않았던가. 좀 더 들어보자. 하지만 시간
이 지날수록 내장 속에서 어떤 작용이 일어나고 있었다. 그녀가
한마디를 보태었다.

"제 친구 중에 정말 유학이 가고 싶다고 하던 애가 있었어요. 그
런데 형편이 안 좋아서 갈 수 없었어요. 돈이 없다고 속상해했죠.
그런데 저는 친구가 너무 부러웠어요. 돈만 벌면 되는 거잖아요.
저는 하고 싶은 것이 없었거든요."

사람들은 끄덕였지만 나는 얼어붙었다. 돈 앞에서 치사하고 비
굴해졌던 순간들이 빠르게 스쳐 갔다. '쌀이 없으면 빵을 먹지'처
럼 악의 없이 이야기를 이어가는 그녀를 보고 있기가 힘들었다.
성숙하게 받아들이고 싶었다. 그러나 머리가 아팠다. 말이 지루했
다. 집에 빨리 가고 싶었다.

집으로 돌아와 외투만 대충 벗어놓고 침대 끝에 걸터앉았다. 멍한 시선으로 TV를 켰다. 시끄러운 홈쇼핑 채널과 막장 드라마 채널을 오갔다. 속이 시끄러울 때 하는 습관 같은 것이다. 브라운관 속 사람들이 뭘 하는지 모르겠다. 맞다. 나는 워크숍이 끝나고도 그녀의 말을 이고 집으로 돌아왔다. "워크숍 잘 다녀왔어?" 안심을 주는 목소리. 현관문을 넘어서는 남편에게 뛰어가 말했다.

"어떻게 그럴 수가 있어? 돈만 벌면 된다고? 그게 부럽다고? 본래 가진 것이 많아서 몰랐다고? 그런 엄마랑 아빠에! 그런 코트도 갖고 있으면서 고마운 줄 몰랐다고? 뭐가 이렇게 불공평해! 나는 단 한 순간도 가질 수 없었던 걸 왜 누군가는 처음부터 풀 패키지로 가지고 태어나는 거야? 정말… 재수 없어."

틀어 막아놓은 눈물이 터져 나왔다. 마흔 살. 아이 둘을 키우는, 이제 먹고살 만한 아줌마는 남편의 팔에 매달려 엉엉 울었다. 왜 우는 걸까. 그것은 어린 시절을 향한 안쓰러움이기도 하다. 하지만 그것만도 아니다. 쓰나미를 뚫고 살아남은 자의 안도감이 부둥켜안으며 터지는 눈물이었다.

삶은 불공평하다. 누군가에게는 처음부터 주어지지만 다른 이에게는 노력해도 가질 수 없는 것이 있다. 선택받은 누군가에게는 손을 뻗지 않아도 품에 안겨지지만, 반대편의 사람에게는 수풀을 헤치고 거친 바다를 건너도 허탕이다.

얼마 전에 본 영화 〈기생충〉의 대사가 떠오른다. 지하실에서 피자 박스를 접으며 살아가던 한 여성은 '부잣집 사모님이 착하기까지 하다'는 남편에게 말한다. "부자인데 착하기까지 한 게 아니라, 부자니까 착한 거야. 내가 이런 집에 살았으면 더 착했다고! 돈이 다리미야, 다리미." 대사를 들으면서 입안이 까끌까끌해졌다. 영 틀린 말은 아니라는 생각이 퍼뜩 스쳐 갔다.

그러나 한편으로 나이가 찰수록 무엇이 희극인지 비극인지가 모호하다는 생각이 든다. 분명 최악의 일이라 생각했는데, 지나고 나면 덕분에 거둘 열매들이 생긴다. 또 이렇게 좋을 수가 있나 싶었는데 이내 통곡할 일이 벌어진다. 지금도 마찬가지다. 내 인생이 한 권의 책이 되어 누군가를 위로할 수 있음을 알았다면 아마도 더 열심히 울었을 것이다.

나는 인생 워크숍에서 돌아와 시원하게 울고 일어났다. 가족을 위한 저녁을 차리고 과일을 먹으며 함께 웃었다. 아이들을 더 깊게 안았다. 과거와 현재, 슬픔과 감사함이 교차하는 하루를 보내고 잠자리에 들 때면, 앞으로 남은 시간을 어떻게 살아내야 할지 저절로 이해하게 된다. 눈물이 날 때면 삶을 더 이해하려는 자세를 취하고, 크게 웃게 되는 날에는 충분하게 누리려고 마음을 다한다.

당신의 깊은 상처들도 그렇다. 이별, 가난, 거절, 소외, 차별의 단어들이 나쁜 일인지 좋은 일인지 알려면 시간이 꽤 지나봐야 한다. 소설가 김영하는 그의 산문《여행의 이유》에서 여행을 준비하는 단계에서는 뜻밖의 사실이나 실패, 좌절, 엉뚱한 결과를 의도하는 사람은 거의 없다고 했다. 하지만 정말 놀라운 깨달음은 '뜻밖'이어야 가능하다는 것이다.

생각해보면 정말 그렇다. 여행 중에 계획에 딱딱 맞춰진 완벽한 하루는 기억에 남지 않는다. 잃어버린 여권을 겨우 찾았던 기억, 길을 잃어 종일 헤매다 만난 숨은 맛집 같은 것들이 여행을 완성한다. 여행 전에는 모두 '문제'라 불릴 만한 것들이었다. 그러나 시간이 지나면 무용담이 된다.

작가는 여행 중에 너무 순조로우면 나중에 쓸 게 없다고 했다. 계획이 성공하면 그대로 좋고, 대실패 해도 '언제가 글로 쓰게 되겠지' 한단다. 할 수 있다면 지구별 여행을 하는 동안 이런 '작가

적 태도'를 취하면 좋겠다. 갑자기 일어난 좌절의 사건과 바라지 않았던 일들을 넘기는 동안 '내 인생에 대해서 할 말이 생긴다'고 받아들이면 어떨까? 인생의 주인? 뭐 그것이 어려운 건가. 직접 겪고 느끼고 깨달은 증거가 많을수록 그렇게 되는 거지.

나는 삶에서 용기가 바닥나고 있다고 느낄 때면 파울로 코엘료의 소설《연금술사》읽곤 한다. 진정한 나를 찾아서 집을 떠나 바다를 건너 드디어 연금술사를 만난 주인공이 묻는다.

"어째서 스승님을 연금술사라고 부르는 걸까요?"

"내가 연금술사이기 때문이지."

"그렇다면 금을 만들다 실패한 다른 연금술사들은 뭐가 잘못되었던 거죠?"

"그들은 단지 금만을 구했네. 자아의 신화. 그 보물에만 집착했을 뿐 자아의 신화를 몸소 살아내려고는 하지 않았지."

연금술사는 "배움에는 행동을 통해 배우는 단 한 가지 방법이 있을 뿐"이라고 말했다. 우리가 알아야 할 모든 것은 여행을 통해 다 배웠고, 이제 남은 건 한 가지뿐이라고도 했다.

이 장면을 읽고 나면 무겁고 우울한 몸을 일으켜 무엇인가를 한다. 어려운 문제일수록 미리 걱정하지 말고 몸소 살아내는 것이 중요하다는 것을 알기 때문이다. 종종 친구들은 '너는 어쩜 쉬지 않고 앞으로 걸어가니?' 한다. 그러나 앞으로만 가겠다고 해서 갈 수 없는 것이 삶이라는 것쯤은 안다. 한번 파도가 휩쓸어가면 넋 놓고 당해야 하는 것이 순리다. 내 삶이 이전보다 앞으로 나아갔다면, 불안할수록 성실한 시간을 살았다는 설명으로 대신해야 할 것이다. 그럼에도 불구하고 오늘도 나를 위해 무엇인가를 했다고 말이다.

"오늘, 당신을 위해 무엇인가를 하세요."

어디서부터 시작해야 할까 싶을 때는, 이렇게 사소해도 되나 싶은 일들을 찾아서 하루를 살자. 누군가는 보고서를 완성할 테고, 아이를 위해 식사를 준비하거나 틈내서 책을 읽을 것이다. 동네 한 바퀴를 돌거나 친구를 위해 선물을 준비하고, 그의 이야기에 귀를 기울일 것이다. 과거를 보상하기 위한 시간을 채우지 말고, 당신의 평범한 목표를 위해 시간을 늘리자. 지독하게 외롭고 적막한 밤이 오면, 나약하고 무기력했던 예전의 나를 불러내지 말고 오늘 흘렸던 작은 땀과 그 확실한 노력을 보면서 잠들자.

어쩌다 또 구멍에 빠지면 어떤가. 열등감에 쩔고, 우월감에 우쭐하고, 불안함에 소리를 지른들 뭐 어떤가. 결국 우리는 그곳을 빠져나오려 힘을 낼 것이고, 누군가는 도울 것이며, 다시 웃다 울다 할 것이다. 그러는 사이 당신은 '진짜 여행자'가 되어갈 것이다. 언젠가 구멍에 다시 빠졌을 때, 그 깊이가 겨우 발목까지 오는 것을 깨닫고 가볍게 웃게 될지 모른다.

오래 울었던 당신,
정말 수고했다.

thanks to 진짜 엄마

"네가 알려지면… 집안 이야기도 다 하고 그래야 하는 거냐. 안 그러면 좋겠구먼."

좀처럼 마음을 드러내는 일이 없는 엄마는 띄엄띄엄 말을 이어가며 물었다. 딸을 찾는 사람들이 많아지는 것은 기쁘지만, 이런저런 우리 사정이 들추어지는 것이 걱정되는 눈치였다. 그때 나는 '그렇지. 요즘 비밀이 어디 있어.' 하고 고개를 돌렸지만 내내 그 말이 마음에 걸렸다.

초등학교 5학년 때쯤 엄마를 만났다. 고운 얼굴에, 그동안 만나

본 이모들과는 달리 약삭빠른 느낌이 없었다. 잘 보이려고 애쓰거나 아빠에 대해서 이것저것 묻지 않아서 좋았다. 천상 '소'띠다운 모습이었다.

나는 한동안 새 여자에게 '엄마'라고 부르면서도 멋쩍어했다. 시간보다 말이 앞선 느낌이랄까. 그러던 어느 날, 기침을 심하게 하던 밤이었다. 아빠, 엄마, 나. 순서대로 작은방에 나란히게 세워진 사이에서 콜록거렸다. 그럴 때면 "그만 좀 해라. 잠을 못 자겠잖아!" 했던 친엄마의 말이 떠올랐다. 제발 잠잠해져라. 몸에 힘을 주면서 기침을 참으려 애를 썼다.

엄마는 밤새 다른 말이 없었다. 그리고 다음 날 나를 데리고 병원에 갔다. 그게 좋았다. '도대체 왜?' 할지 모르겠지만, 나에게 엄마의 기준이란 그런 것이다. 그날 이후로 '엄마'라고 부르는 일에 머뭇거리지 않았던 것 같다.

한 남자 때문에 이어진 두 여자의 인연에는 굴곡이 많았다. 우리는 각자 서로의 자리에서 눈을 흘기거나 울기도 했다. 그러나 함께 산 지 10년이 넘어갈 때쯤 엄마는 "이제는 너 때문에 떠나질 못한다. 내가 가면 넌 어떡하니…" 했고, 20년이 넘어서면서는 그런 말도 불필요했다. 지금은 굳이 '친'과 '새'라는 접두어를 엄마라는 말 앞에 구분해서 사용해야 할 때 '아 맞다. 우리 그런 사이였지' 하며 놀란다.

엄마에게 고맙고 미안한 것들이 많다. 무거운 아빠를 맡기고 앞으로 내달린 일들이 그렇고, 한 여자로서 깊었을 외로움과 서러움을 모른 척하면서 혼자 살림을 늘린 일도 그렇다. 결과적으로는 잘 된 면들이 있지만, 과정을 더듬으면 코끝이 찡해지는 구석이 있다.

책이 나오면 제일 먼저, 칠순을 넘긴 얼굴 앞에서 당신이 진짜 엄마라고 말할 것이다. 고맙다고, 사랑한다고 고백하고 싶다. "엄마 돌아가시면 아빠 때보다 더 울 것 같아."라고 했던 말은 진심이었다. 여기까지 온 것은 당신 덕이라고, 그러니 인생 헛헛하게 생각하지 마시라고 말할 것이다.

"엄마, 주변 할머니들이 '친딸이 아니었어?' 해도 속상해하지 마쇼. 나에게 엄마는 그냥 엄마니까. 뒷말들 신경 쓰지 말고 남은 시간들이나 함께 행복합시다."

상처보다 크고 아픔보다 강한

당신을 믿어요

초판 1쇄 발행 2019년 8월 19일
초판 2쇄 발행 2019년 8월 20일
지은이 김윤나

펴낸이 민혜영 ㅣ **펴낸곳** (주)카시오페아 출판사
주소 서울시 마포구 성암로 223, 3층(상암동)
전화 02-303-5580 ㅣ **팩스** 02-2179-8768
홈페이지 www.cassiopeiabook.com ㅣ **전자우편** editor@cassiopeiabook.com
출판등록 2012년 12월 27일 제2014-000277호
외주편집 김현경 ㅣ **표지 디자인** 별을 잡는 그물

ISBN 979-11-88674-72-5 03180

이 도서의 국립중앙도서관 출판시도서목록(CIP)은 서지정보유통지원시스템 홈페이지(http://seoji.nl.go.kr)와
국가자료공동목록시스템(http://www.nl.go.kr/kolisnet)에서 이용하실 수 있습니다.
CIP제어번호: CIP2019029486